■ 浙江工商大学文化精品研究工程

■ 改革开放40周年浙商研究院智库丛书

以利养义

改革开放40年浙商参与公益研究

于希勇 / 著

浙江工商大学出版社 | 杭州

ZHEJIANG GONGSHANG UNIVERSITY PRESS

图书在版编目(CIP)数据

以利养义：改革开放 40 年浙商参与公益研究 / 于希勇著. —杭州：浙江工商大学出版社，2018.12

ISBN 978-7-5178-3075-7

Ⅰ.①以… Ⅱ.①于… Ⅲ.①企业家－慈善事业－研究－浙江 Ⅳ.①D632.1

中国版本图书馆 CIP 数据核字(2018)第 277610 号

以利养义:改革开放 40 年浙商参与公益研究
YILIYANGYI:GAIGE KAIFANG 40 NIAN ZHESHANG CANYU GONGYI YANJIU
于希勇 著

责任编辑	谭娟娟	
封面设计	王妤驰	
责任印制	包建辉	
出版发行	浙江工商大学出版社	
	（杭州市教工路 198 号　邮政编码 310012）	
	（E-mail:zjgsupress@163.com）	
	（网址:http://www.zjgsupress.com）	
	电话:0571－88904980,88831806(传真)	
排　　版	杭州朝曦图文设计有限公司	
印　　刷	杭州高腾印务有限公司	
开　　本	710mm×1000mm　1/16	
印　　张	12.5	
字　　数	197 千	
版 印 次	2018 年 12 月第 1 版　2018 年 12 月第 1 次印刷	
书　　号	ISBN 978-7-5178-3075-7	
定　　价	46.00 元	

丛书编委会

总 主 编：陈寿灿

副总主编：李 军

副 主 编：范 钧 鲍观明 吴 波

编 委（按照姓氏笔画）：

于希勇 马 良 马淑琴 王江杭 刘 杰

肖 亮 余福茂 周鸿承 姜 勇 宫云维

徐 锋 徐越倩 高 燕 陶 莺 黎 常

总　序

　　当代中国社会 40 年的改革开放历程与当代浙江发展的"浙江模式"及当代浙商的成长是一个相互辉映、互促互进的动态历史进程。一方面，当代中国改革开放伟大进程既成就了当代"浙江模式"的发展奇迹，也成就了当代浙商的辉煌，并因此成为考察"浙江模式"与浙商成就的基础视界；另一方面，当代"浙江模式"与浙商以其自身的耀眼成就与成长轨迹诠释了中国改革开放 40 年的时代特点，涉及各历史时期的政治、经济结构性样态与转型范式。与之相应的是，作为改革开放之潮头阵地的浙江经济及作为改革开放之急先锋的浙商所代表的发展理念、未来趋势也在某种程度上指明了当代中国全面改革开放的可能方向。

　　所谓"浙江模式"，是指在由计划经济向市场经济及由农业社会向工业社会转型的进程中，发源于"温州模式"的以市场为主导、民营经济为主体及服务型地方政府建设为特征的当代中国改革开放进程中最具活力的经济模式。"浙江模式"的最主要特色在于创新——特别是通过民间尝试性制度创新——形成了民间投资、民间运营和民间分享的"民有、民营、民享"的自我循环体系，型塑了内生型的自组织的增长动力系统，并在结合社会发展与政府治理模式创新的基础上，较早且较为系统地解决了经济体制改革中的企业改制与产权改革等问题。可以说，"浙江模式"极为动态地呈现了经济体制改革图景中社会发展的内生型逻辑：一方面，制度变革首先为个体私营经济、民营经济的发展开辟了道路，并因此成为促进当代中国个体经济、民营经济发展的直接力量；另一方面，基于个体创业或集体创业的浙江个体私营经济和民营经济发展实践，成为中国改革开放的先锋，并为制度变革提供了坚实的基础和实践依据，从而成为推动制度变革的积极力量。

20 世纪 90 年代以后，"温州模式"扩展至台州、宁波、绍兴、金华和杭州等地。进入 21 世纪，"浙江模式"又率先在乡村振兴、电子商务、海外并购、绿色金融等领域迅速发展，极大地拓展了"浙江模式"的恢宏图景，不但在当代中国改革开放与现代化建设中的道路开创与引领方面有所建树，更重要的是，"浙江模式"还在当代中国发展的"中国经验"的型构中，为全球发展中国家的发展提供了极其有益的"中国道路"与"中国方案"的战略借鉴。因为，在本质上，"浙江模式"代表的是新兴的中国特色社会主义市场经济模式，是中国特色社会主义道路的基本方向与策略指引下的市场经济，而"浙江模式"的成功代表了中国道路与中国方案的科学性与有效性。

当代浙商是浙江模式的最先锋力量，他们因特色的发展道路与辉煌的成就成为当代中国社会经济领域最引人瞩目的群体。当代浙商，萌芽于 20 世纪 70 年代末期即改革开放初期，在 80 年代商品经济和市场发育的进程中积聚了最初的资本力量；而后，在 90 年代市场经济体制建构的实践中迅速成长，并伴随着国有经济战略性调整和企业改制、产权改革等一系列的改革绘就了恢宏的浙商新画卷。当代浙商在 90 年代之前的发展历程，最为生动地呈现了他们自主改革、自担风险、自我发展、自强不息的"四自精神"。进入 21 世纪以来，当代浙商又成为中国经济融入全球化进程的先锋力量，迅速在经济全球化的进程中积极布局，在世界创业与全球并购中崭露头角。可以说，在当代中国，特别是在改革开放以来的社会进程中，当代浙商因其在国内外众多经济热点领域中的活跃表现与巨大成就而成为被公众广泛认可的地域性商帮。它既充分诠释了当代中国改革开放的伟大进程，又深刻揭示了作为浙商成长的"浙江模式"的实践价值。尤其值得关注的是，不论是当代浙江经济发展的"浙江模式"还是当代浙商创造的巨大成就，都离不开特定的文化支撑与引领。马克斯·韦伯在其《新教伦理与资本主义精神》一书中阐明了一个关于经济发展与文化支撑的真理性命题，即"任何形态的经济发展都必定内蕴了特定的文化力支撑，缺少这种文化力的支撑，任何形态的经济发展都不可能获得持续的生命力"。这一命题说明，当代浙江经济发展必定基于特定的文化力支撑，毫无疑问，浙学传统才是浙商文化、浙江经济发展的源头活水。而浙学传统所代表的并非一般意义上的地域性学术，因为，无论是从其学术要旨的维度还是从其学术的实践精神维度考察，浙学传统所代表的其实是中国传统文化的承继与创新性发展，并在这种承继与创新性发展中成就独特的浙商精神，其要旨有三：①以义和利的义利观。浙商精神中的以义和利的义利观既是对儒家传统的义利观的继承，又在永嘉事功学说的基础上有所开掘：一方面，永嘉事功学说的基本旨趣在于经世致用，它承继了二程的"义为利之和"的义利观，强调义和利并没有绝对的分别，即所谓的"圣人以义为利，义安处便为利"；另一方面，永嘉事功学说虽提倡事功趣向，但其事功并非以个体功利为目标，并非如道学家所批判的"坐在利欲的胶漆盆中"那样，而是始终把国家民族的社会公利置于私利之上。叶适所倡导的即是"明大义，求公心，图大事，立定论"的"公利主义"精神。②知行合一。知行合一是阳明心学的核心要旨，一方面它强调知中有行，行中有知，反对把知与行截然二分化。故王阳明说："知是行的主意，行是知的工夫，知是行之始，行是知之成。"另一方面，阳明心学的知行与道德是高度一致的，在四句教中就有"知善知恶是良知，为善去恶是格物"，故此，其知行观内蕴了深刻的道德追求。正是这种以知善为善行的取向成就了浙商的儒商气度。③包容开放精神。从中国传统文化发展的角度看，两宋以来，浙学绝非只意味着狭隘的地域性文化发展：永嘉学派、金华的婺学代表了儒家文化在浙江的传承与发展；象山心学虽盛于赣，但象山之后心学的最盛况发展却仍在浙江，先有甬上心学承象山衣钵，后有阳明心学之气象大成。朱氏闽学源于且盛于福建，但朱熹之后，闽学在黄榦之后便转向浙江，黄震是闽学在浙江最具代表性的学者，也是闽学后期最具代表性的学者。 由此不难看出，浙学发展最为完美地体现了创新与融汇乃是成就学术气象的根本。 在浙学激荡成长的过程中确立起来的浙江精神、浙商传统也因此成为最富于包容与开放的精神。

值此当代中国改革开放 40 年之际，我们推出"改革开放 40 周年浙商研究院智库丛书"，拟在当代中国改革开放的恢宏图景中审视当代浙江经济、社会发展的"浙江模式""浙江经验"与"浙商精神"，既在历史的回溯与反思中深究未来浙江发展的应然方向与实践路径，又在"浙江模式""浙江经验"与"浙商精神"的系统阐述中挖掘后发地区可资借鉴的思想资源与实践经验。 收入本丛书的研究成果，不同于传统意义上的浙江经济发展研究与浙商研究，它们不求面面俱到，但求视界独特；不求论述系统，但求思想创进；它们既着眼于揭示当代浙江经济社会发展与浙商精神的文化真谛，又努力澄清人们在相关问题上的认知误区。

《中国范本：改革开放 40 年义乌国际贸易综合改革的理路与成就》一书通过介绍改革开放以来义乌市场的发展历程，义乌国际贸易综合改革试点的确立与进展，"一带一路"背景下义乌市场竞争新支点、电子商务与物流业的新发展等内容，展现了义乌打造国际贸易综合改革的创新之路。《以利养义：改革开放 40 年浙商参与公益研究》则从改革开放以来社会主义市场经济体制建立与完善的视角解读了浙商及其文化，并从企业家的社会效应维度审视了浙商的公益参与，阐明了浙商的公益参与在促进经济增长和社会进步方面的重要作用。《中国模式：中国跨境电商综合试验区试点实践与创新经验》在全面回顾当代中国改革开放 40 年以来电子商务及跨境电商发展历程、趋势与动因的基础上，从微观、中观和宏观的角度系统阐述了跨境电商相关理论；在总结我国跨境电商综合试验区试点背景与历程、试点方案、试点成效与存在问题的基础上，从业务模式、"单一窗口"、产业园区、物流模式、制度创新的角度系统阐述了我国跨境电商综合试验区试点的主要内容和实践创新，并从杭州、宁波、义乌跨境电商综合试验区试点建设背景与基础、现状与问题、成效与对策的角度总结了跨境电商综合试验区试点的浙江经验。《治理转型：浙江服务型政府建设研究》主要论述了浙江省服务型政府建设在简政放权、规制权力、效率提升和民生保障等方面的经验，并提出了服务型政府建设的未来趋向。《"撤村建居"：人的现代化和社区融合》一书以多元中心的理论为主导，主要探讨了"撤村建居"社区的基层社会治理以及基层社区重建与"城市化"建设方面的重要问题，阐明了突破"城乡二元分治"的基本路径及如何通过完善基层民主自治实现"人的城市化"等问题。《健康浙江：社会健康治理的方法与实践》一书以当代中国改革开放 40 年为背景，系统梳理了"健康中国"发展的主要脉络，并在中日社区健康教育比较的基础上，阐述了浙江杭州市 30 个街道、300 个社区在社区健康教育方面的典型案例和成功经验，阐明了将社会工作方法融入公共健康教育，以及从以卫生管理与控制为目的的行政主导型健康教育到个人自发参与学习的以居民需求为核心的公共卫生健康教育发展的实践路径。《浙商与制度环境的共生演化：企业家精神配置的视角》一书基于企业家精神配置理论，对转型经济背景下浙商的行为进行解释，构建了企业家与制度之间的互动分析框架，并在总结不同时期浙商成长路径、机制和模式研究的基础上，从理论层面和实践层面诠释了浙商 40 年的技术创新和制度创新行为。《浙学传统与浙商精神》深入探究了浙江思想文化与社会经济发展的互动关系，阐明了浙江文化与浙学思想传统及浙江精神之间的内在关联，并揭示了浙学的基本精神对当代浙江乃至中国的经济社会发展、文化建设的重要价值和普遍意义，以及其中存在的一些问题。《中国商业史研究 40 年》是第一部针对改革开放以来中国商业史研究的学术总结类专著，作者系统梳理了近 40 年来的中国商业史研究及其走向，并简要介绍了相关的研究论著、研究团体和研究机构等。《南宋临安商业史资料整理与研究》通过对正史、地方志、笔记小说等有关南宋临安商业资料的整理，深入研究了南宋临安的商业状况，再现了700 多年前杭州商业的繁荣盛况。《朝廷之厨：杭州运河文化与漕运史研究》一书通过中西方历史文献、档案资料的比较研究，立体地呈现了杭州历史上的漕运文化的历史变迁、演变特征与区域特点，并在大力倡议"一带一路"及大运河文化带构建的时代背景下，探讨杭州漕运文化的历史遗产价值。《〈童子鸣集〉笺注》在对《童子鸣集》进行点校的基础上，对童珮生平及交游进行了翔实的考证，并将相关成果以笺注形式呈现，在为学界提供扎实可靠的古籍整理文本方面有所建树。

　　整体地看，当代中国改革开放的 40 年，是浙江经济快速发展的 40 年，也是浙江经验、"浙江模式"发展的 40 年。"浙江模式"并不意味着一个固定的产业模式，作为一种具有典范性的发展模式，"浙江模式"的独特之处在于，它的每一发展阶段都是当代中国改革开放的先锋与旗帜，这里既体现了浙商的创新进取精神，也体现了浙商精神与浙学传统在当代浙江发展中的文化力，而这种创新进取的浙商精神与浙学传统的文化力恰是未来浙江经济、社会发展的不竭的动力源泉！

　　是为序。

陈寿灿

2018 年 10 月 30 日

本著作是以下项目资助成果：

教育部人文社科基金青年项目"比较公民教育视域下的参与式公益研究"（编号：16YJC710048）

中国博士后科学基金面上资助项目"中国特色社会主义参与式公益研究"（编号：2016M592010）

浙江工商大学"部校共建"马克思主义学院课题"习近平治国理政的伦理思想方法研究"（编号：BXGJ17008）

前　言

　　一个时代有一个时代的主题，一代人有一代人的使命。 历史，总是在一些特殊年份给人们以汲取智慧、继续前行的力量。

　　2018 年，是中国改革开放 40 周年。 40 年来，党领导全国各族人民以一往无前的进取精神和波澜壮阔的创新实践，谱写了中华民族自强不息、顽强奋进的新的壮丽史诗。 从农村到城市、从经济领域到其他各个领域，全面改革的进程势不可挡地展开了；从沿海到沿江沿边，从东部到中西部，对外开放的大门毅然决然地打开了。 这场历史上从未有过的大改革大开放，极大地调动了亿万人民的积极性和创造性，使中国人民的面貌、社会主义中国的面貌、中国共产党的面貌发生了历史性变化。[①]

　　研究发现，"以利养义"是浙江精神和共同价值观的时代展现，也是改革开放 40 年浙商参与公益的显著特征。 浙江亦可谓因改革开放而生，因改革开放而兴。 改革开放如春风化雨，万千草根在浙江这片热土创业创新。 改革开放以来，浙江发展成为中国最开放、最具活力的省份之一，经济社会发展取得巨大成就。 这种成就的取得，与浙商有着密切关联。 从总体来看，浙商在社会主义市场经济体制下，能够较好地处理"义"与"利"的关系，并将私营企业引向公益向度。

　　公益慈善是衡量一个国家和地区文明进步的重要标志，也是弘扬

---

① 参考自《毛泽东思想和中国特色社会主义理论体系概论》，高等教育出版社2015 年版，第 148 页。

中华民族传统美德的重要体现。

习近平总书记指出，人民是历史的创造者，是决定党和国家前途命运的根本力量。党作为最高政治领导力量，是建立在人民是决定党和国家前途命运的根本力量这个深厚伟力基础之上的。党始终与人民风雨同舟、生死与共，保持血肉联系，这是党战胜一切困难和风险的根本保证。近百年来，我们党取得的伟大成就都是依靠人民共同奋斗的结果；40 年来，中国发生了翻天覆地的变化，再次证明人民是真正的英雄的历史真谛。

浙商发展与改革开放的历史性同步，证明了习近平总书记所言：人民是真正的英雄。浙商参与公益 40 年，成为中国 40 年改革开放历史性发展的重要见证。40 年众志成城，40 年砥砺奋进，浙商用热血、辛劳和汗水书写了实现自我发展与推动社会进步的史诗。可以说，浙商是 40 年来改革开放的重大推动者、受益者，也是重要的公益参与者。改革开放 40 年来，浙商勇担社会责任，义行天下，并以开明开放的姿态，热心参与国家各区域的开发建设。40 年来，浙商始终艰苦奋斗、顽强拼搏，极大地解放和发展了中国社会生产力。天道酬勤，春华秋实，无论是捐助于慈善事业，参与公益政治，投资文化产业，还是参与共享经济，浙商 40 年来持之以恒、锲而不舍，推动中国发生了翻天覆地的变化。40 年来，浙商始终上下求索、锐意进取，为开辟中国特色社会主义道路做出了贡献。40 年来，浙商始终与时俱进、一往无前，充分显示了中国人民群众中蕴含的正能量。浙商群体敢闯敢试、敢为人先，积极性、主动性、创造性空前高涨，充分展示了作为国家主人和群众英雄推动历史前进的强大力量。

习近平总书记一直高度重视公益慈善事业。早在 2002 年他在福建工作时就指出，要在加强公民道德建设的同时，普及慈善意识，传播慈善文化，弘扬优良传统美德，通过广泛开展慈善活动，聚集广大群众广泛参与，推进社会文明程度和道德水准的提高。

在浙江担任省委书记期间，习近平在浙江慈善大会上强调，慈善事业是惠及社会大众的事业，是社会文明的重要标志，是一种具有广泛群众性的道德实践，慈善事业在促进社会和谐中的作用日益显现。习近平强调，慈善事业是一项全民的事业，必须充分激发全民的爱心、调动全社会的热情，使全社会共同关心、支持和参与慈善事业。浙江的企业家特别是民营企业家作为浙江发展慈善事业的重要力量，要以"兼济天下"的精神，更加主动、勇敢地承担起相应的社会责任和义务，积极加入慈善事业中来，以自己的爱心和善行，提升自身的社会价值，以自己的实际行动扎实推进和谐社会建设。[①]

回顾历史，浙商参与公益改变了经济境遇和社会命运，增强了共同体的幸福感和获得感；展望未来，浙商必将从 40 年历史节点再出发，向着建构命运共同体的公益目标不断迈进，同心共筑中华民族伟大复兴的中国梦，共创浙江和中国的美好未来！

---

① 习近平:《齐心协力发展慈善事业 同心同德建设和谐社会》,中国共产党新闻网,2006 年 12 月 13 日,http://cpc.people.com.cn/GB/64093/64102/64396/5164580.html。

目录
Contents

1

浙商参与公益本体论

改革开放 40 年浙商参与公益本体论，涉及对为什么开展这项研究、如何展开研究、研究什么的本体论层面的追问。而要在历史的纵深处探查浙商参与公益的本体，必须坚持马克思主义的立场、观点和方法。

2003 年，时任浙江省委书记习近平提出的"三个感叹"，曾触及浙商参与公益的历史与文化基因。习近平一叹浙江一跃成为经济强省，除了拥有政府层面主导的体制机制等一系列优势外，民间层面生生不息的人文优势也是其他各个优势能够充分发挥的关键。习近平二叹浙江人"勿以善小而不为"的精神。当年的企业家中有些是收破烂的，有些是弹棉花的，有些是补鞋的，有些是打铁的小炉匠，但他们从来不以从事这些劳动为耻，善于把握机会，为以后的创业积累了宝贵的经验。习近平三叹浙江商人白天当老板、晚上睡地板的艰苦创业作风。他说，浙江许多已经取得很大成就的企业家到现在还一直坚持创业时候的习惯，非常勤俭节约，艰苦朴素，他们创造的财富几乎都是用来投资发展的，很少考虑奢华享乐，这也是浙江经济能够持续快速良性发展的一个重要原因。①

习近平对浙商的"三个感叹"，蕴含着对浙商品性及改革开放以来他们参

---

① 参考自柴骥程:《浙江省委书记习近平三叹浙商文化基因》，人民网，2003 年 9 月 3 日，http://www.people.com.cn/GB/shizheng/14562/2070132.html。

与助推社会发展的认可和肯定，为对浙商参与公益的研究提供了方法论指南。然而，国内外学界较多对浙商商业活动本身的研究，对于浙商参与公益 40 年的总体性研究仍较缺乏，亦亟待从哲学伦理学层面做出阐释的更新。

1.1 概念界定、问题提出与研究意义

1.1.1 概念界定

（1）改革开放 40 年阐释

按德国哲学家海德格尔的说法，阐释（Auslegung）即"把什么东西放出来"，从而实现理解的发展。 一如国内哲学学者张汝伦所言，"海德格尔既然说要在此在对世界的理解中追索阐释现象，那么被阐释的东西就是已经以应手事物的样式被给予我们的世界"①。 在中国特色社会主义新时代，对改革开放 40 年进行阐释，意味着自觉将时代根植于历史土壤；从改革开放 40 年视域审视各个领域的时代变迁与历史变革，意味着向着未来前景更进一步地勾勒。

改革开放 40 年是从 1978 年到 2018 年的 40 年，是中国从"富起来"到"强起来"的时代 40 年，同时也是中国各群体人生境遇发生重大转折的历史40 年。

习近平指出，改革开放 40 年来，"在中国共产党领导下，中国人民凭着一股逢山开路、遇水架桥的闯劲，凭着一股滴水穿石的韧劲，成功走出一条中国特色社会主义道路。 我们遇到过困难，我们遇到过挑战，但我们不懈奋斗、与时俱进，用勤劳、勇敢、智慧书写着当代中国发展进步的故事"②。 浙商参与公益 40 年，也书写着具有独特品性的故事。 在本书中，将以改革开放40 年时间为坐标，以马克思主义伦理学为理论坐标，对浙商参与公益 40 年的

---

① 张汝伦：《〈存在与时间〉释义》，学林出版社、上海人民出版社 2012 年版，第 491 页。
② 《习近平出席金砖国家工商论坛开幕式并发表主旨演讲》，新华网，2017 年 9 月 3日，http://www.xinhuanet.com/world/2017-09/03/c_129695182.htm。

典型案例进行细织密缝，并试图从理论的条分缕析中走向综汇熔铸。

西方结构主义者罗兰·巴尔特（Roland Barther）言称，读者有"创造意义的自由"。作为身处改革开放 40 年情境之中的"读者"，对改革开放 40 年的理解与阐释，应是有立场、有原则的创造自由。唯其如此，才能接近历史本质性与社会现实性的那一度。

（2）浙商界定

浙商作为造就浙江经济的主力军与创造浙江奇迹的当事人，已经成为当今中国最有影响力之一的新商帮[①]。商帮的核心是结成"帮"，"帮"的含义是群体精神。有商无帮称不上帮，有帮无商称不上商。浙商商帮的核心在"帮"字上。浙商不仅是善于自帮的群体，也是善于互帮的群体。

关于浙商的界定，有代表性的可以分为 3 种：第一种是从"人"的角度来定义，从而将浙商理解为商人、经营者、管理者或企业家。这种理解又有广义与狭义之分：广义的浙商还应包括籍贯不在浙江但在浙江创业达到一定年限并获得巨大成就的企业所有者或经营者；狭义的浙商指出生在浙江，经过自身创业取得显著成绩的浙江商人。第二种是从组织或企业的角度来理解浙商。浙商是浙江企业的总称，所有在浙江版图内注册经营的企业都可以称为浙商。当然，由于"商"的理解颇多，浙商甚至还可以被理解为"浙江商业""浙江商业企业"等。第三种是从时序上看，浙商可以分为旧浙商和新浙商。一般将改革开放以前的浙商称为旧浙商，改革开放以后的浙商称为新浙商。

本书从改革开放以来，社会主义市场经济体制建立与完善的视角解读浙商，从企业家的社会效应维度审视浙商参与公益。正如有学者指出："在社会主义市场经济中，市场与政府作为现代社会中两个不可或缺的因素，在促进经济增长和社会进步方面发挥着重要的作用，对社会公平的重建也有着巨大的影响。从某种意义上讲，市场经济是公正、平等、自由价值观念的天然温

---

①　"帮"字的全义，是为特定政治或经济目的而结成的群体。张海鹏、张海瀛主编的《中国十大商帮》中关于商帮的定义为：是以地域为中心，以血缘、乡谊为纽带，以"相亲相助"为宗旨，以会馆、公所为其在异乡的联络、计议之所，一种既亲密而又松散的自发形成的商人群体。

床,竞争、理性、机会平等及公正对待是市场经济的重要原则,这些都有助于社会公正理念的传播和社会公正的重建。"①如是,浙商的内涵必须突出"责商"的意蕴。

改革开放以来,流动性的群体特性决定了"浙商"是广义的、动态的,"浙商"既是指在浙江省范围内的商人群体,包括在浙江落地生根的外籍浙江商人,也是指在全国和世界各地的赓续浙江精神的浙江籍商人。本书定位于对改革开放以来新浙商的研究,并以对浙商"人"的叙事为中心,带出社会主义市场经济体制下浙江企业对公益的参与,并强调浙江文化及浙江精神对浙商的影响。

值得一提的是,浙商群体属于人民群众,可谓"从群众中来,到群众中去"。正如有学者指出:"浙商的本质是民商,来源草根,根植于草根。明清徽商、晋商和当代苏商本质上都是官商,他们的思维定式是'商而优则仕',和政治权力关系密切,最终随着政治集团的浮沉而兴衰。以浙商经济为主体的浙江经济是民本经济,是私营经济,从民出发,利归于民。因此,只有到了市场经济时代,民商才能也必然能成为主角。"②

(3)公益界说

公益有着特定的词源。如果对公益进行经济学解读,可对应"Common Interest"(共同利益);如果对公益进行伦理学解读,可对应"Common Good"(公益);而如果对公益进行政治—社会学解读,可对应"Public Goods"(公共益品)。在西方,公益的内涵较为宽泛,可以指公益、公共利益,也可以指共同利益、公共利益。在西方政治哲学、公共伦理学等文献中,经常出现"Common Good""Public Good""Common Interest""Public Interest"等字眼,其中蕴含着公益思想。在英美学者看来,公益不是慈善(Philanthropy),而是对社会问题的公民回应。

希腊文中表示"共同"和"公共"的词语是"Κοινός",其名词化是

---

① 张彦:《论社会公正重建的内在逻辑与实践进路》,《哲学研究》2014 年第 1 期,第 90—95 页。

② 段治文主编:《浙江精神与浙江发展》(第三版),浙江大学出版社 2017 年版,第 87—88 页。

"国家"（Τό κοινόν）、"共同体"（Κοινωνία）；希腊文中表示"善"（好）的形容词是 Αγαθόν，名词是 Τό άγαθόν。 与中文"共同（共同的）"的含义相符的拉丁词是"Communise"（Commune），与"善"（好）相符的是 Bonus（形容词）及 Bonum（名词）；与公益相匹配的为 Bonum Commune。

另外，在界定概念时，与其相对应的概念进行比较，能够更清晰地揭示出其内涵。 因此，有必要将个人利益、集体利益、公共利益、国家利益和社会利益与公益进行比较。

首先，公益姓"公"不姓"私"，因此公益不是个人利益，更不是只求一己之私的个人私利。

其次，公益是群体利益，而非狭义的集体利益。 如果将"群体"与"集体"进行严格界定的话，就是后者组织得比较严密（例如学校、企事业单位等），而前者组织得则有时不那么严密（例如社区、社团和各种临时机构等）。 在当代中国，由于人口流动性日益增强，各种社会群体不断涌现，群体利益也日益凸显，仅仅强调集体利益就不够了，必须找到一种上位概念，这就是公益。

再次，公益既不是狭义的集体利益、公共利益，也不是国家利益所能涵盖的。 集体利益一般是与个人利益相对应甚至对立的概念，而公益是以对个人利益的承认为前提的；公共利益的维护者一般来说是政府或政府组织，而公益的维护者虽然不排除政府机构，但有公民、非政府组织或民间组织的参与；国家是比集体更加严密的组织，并且有着鲜明的阶级性。 实现国家利益一般有着法律法规的明确规定，而实现公益很多时候是靠"分外"道德义务。

最后，公益的内涵比较接近于社会利益。 因为社会不似国家那样有着较强的阶级性，也不似集体那样一定有着较强的组织性。 但是，社会一般是指"大社会"，而公益所指向的社会可"大"、可"中"、可"小"。

可见，公益承担着多种层面的伦理指向。 有学者指出：伦理是共同体的价值秩序，因此根据共同体的性质和结构，可以体现为国际层面的伦理、国家层面的伦理、组织层面的伦理、个体层面的伦理等不同层次。① 近些年来，党和国家在战略高度，强调了公益的重要性。 例如：从政治角度，提出人民依法直接行使民主权利，管理基层公共事务和公益事业；从经济文化角度，提出发展公益文化产业；从创新角度，提出开展社会公益性技术研究；从教育角度，提出坚持教育的公益性质；从医疗卫生角度，提出坚持公共医疗卫生的公益性质；等等。 在其他领域，公益也成为流行语汇。 在法学界，有"公益诉讼"；在商界，有"公益广告"；在民间，有"公益捐助"；在网络世界，有"微公益"；在教育界，有"公益教育"；等等。 因此，如果借鉴功利主义关于"公共利益""公共幸福""共同准则""普遍仁爱"等理论要素，当前中国公益行动则需要实现政治话语（确立共同规则）、慈善捐助（倡导普遍仁爱）与志愿行动（实现公共幸福）形成呼应。 在此基础上，达成国家制度、市场运作与民间体制 3 个层面的"交叠共识"，从而实现公信力、影响力及幸福感的统一。 因此，公益行动在很大程度上有赖于系统化的"公益观念体系"。 在此意义上，中国特色社会主义公益就是在现代化建设过程中，公民要学会与政府相关部门协商、对话，学会与企业等资助和赞助机构合作、共赢，从而提升公益参与者的内在幸福感，为结成社会主义事业共同体贡献力量。②

在本书中，将公益理解为浙商共同体发展的属性，体现为在国家民族伦理涵摄下的组织或个体的伦理关切。 更加明确地说，将改革开放 40 年浙商参与公益界定为：在改革开放以来的历史进程中，浙商在追求合法的、正当的个人利益的前提下，以共同利益为关切，以企业为参与主体，以厘清政商关系为表现形式，从而在特定共同体中实现"共同善"。 因此，公益不仅是个人利益与群体利益的有机结合，更由于其倡导互相信任、合作和利他的价值观，不仅规范着个人偏好的标准，也规定着共同体的生活方式，引导个体偏好趋向于集体福祉；在个体融入共同体的同时获得价值感，在参与共同体的活动过程中形

---

① 张彦：《公益伦理与价值排序——评〈当代中国公益伦理〉》，《道德与文明》2010 年第 6 期。

② 于希勇：《在公共幸福中实现公益———西方功利主义思想借鉴及超越》，《理论界》2012 年第 2 期。

成"共生""共存""共荣"感。

1.1.2　问题提出

(1)浙商仅仅是会赚钱的"经济人"?

公益中有公义。"义"代表一种伦理规范和价值,而"利"代表一种经济动机和物质追求。孔子曰:"不义而富且贵,于我如浮云。"荀子曰:"先义而后利者荣,先利而后义者辱。""义与利者,人之所两有也。虽尧、舜不能去民之欲利,然而能使其欲利不克其好义也。"孟子曰:"何必曰利,亦有仁义而已矣。"韩非子曰:"喜利畏罪,人莫不然。""利之所在,民归之;名之所彰,士死之。"董仲舒曰:"天之生人也,使之生义与利。利以养其体,义以养其心。"明清之际,黄宗羲等一批具有经世精神的浙东知识分子开始依据市民社会的生活规则来批判君主专制制度和程朱理学,竭力反映"士、农、工、商"的利益,形成了对于后世具有重要影响的浙东学派和启蒙主义思潮。在"义利"观念上,浙东史学学派反对空谈义理,主张义利并举。

改革开放40年来,市场经济体制极大地调动了人们追求物质财富的积极性。那么,对于浙商行为活动而言,是"义在先",还是"利在先"? 是"见利忘义",还是"以义生利,以义致利,义利兼得"?

公益重在"公"。研究发现,早期部分浙商确有"见利忘义"之举。即便如此,也有冲破旧观念束缚的意味。而伴随着经济社会发展,浙商总体上已经逐步树立了"以义生利,以义致利,义利兼得"的义利观。如对于浙商参与公益的概括,有"以利导义""以义导利"等不同说法。著者认为,"以义导利"重在"利",取"义"仅为谋"利"的工具价值;"以利导义"虽然有重"义"的意涵,但仍将"利"放在首位——以"利"养"义"则将"义"作为落脚点,"利"服从于"义"。在本书中,以"以利养义"作为浙商参与公益特质的凝练表达,并展开为伦理学意义层面的多重维度。所谓"养",即涵养、持养之意。而公益之"公",不是个人利益集合的"众",也不是为了个人利益而让渡出来的"共"。"公"是共同体的属性,故而公益不是"你—我—他"利益的简单相加,不是个人利益的"聚合",而是在"交叠共识"基础上的利益合意。

司马迁在《史记·货殖列传》中写道，"人之趋利，若水之就下，日夜无休时，不召而自来，不求而民出之"。对物质与财富的追求是人类的本能，亚当·斯密也曾为私心追逐财富正名。那么，那些利之所聚的财富是否又能如亚当·斯密所言，推动社会走向进步？在财富日益累积的情况下，越来越多的浙商开始有了如下疑问：赚钱为什么？如何花钱？作为企业家存在的价值是什么？企业与企业家的关系如何？企业与社会的关系如何？企业和企业家发展的终极目标分别是什么？研究发现，尽管有部分浙商已经遭遇"成长的烦恼""发展的困境"，但同时作为浙商"类群体"，总体上保持清醒的头脑，能客观地看待浙商存在的问题和面临的挑战，寻求浙商的永续成长之道。

近些年来，关于企业社会责任的研究成为众多学者和企业管理界关注的重点。必须看到的是，部分浙商在进行经营管理决策时较少考虑社会责任，有的行为已经给百姓生活、生态环境和社会稳定等带来了不好的影响和危害。比如：有些地区因为部分浙商对生态环境的不重视，环境污染已经导致当地居民"无水可喝""无气可呼"；还有的浙商雇用童工，不尊重员工的基本权利，拖欠民工工资等，这些现象都向浙商昭示：企业社会责任的承担和履行已是当下浙商必须重视的战略选择和长久之道。当今的企业如果仅仅关注利润的争夺，而不注重行为的合法性、道义性，对公益事业、慈善事业漠不关心的话，其社会公众形象和消费者认可度必将大打折扣，其持续发展能力也必将下降。对广大浙商而言，正确认识企业社会责任与企业持续发展的关系，树立科学正确的社会责任观，敢于承担和践行与自身实力相当、社会公众认可的企业社会责任，对提升企业竞争力、促进企业的持续健康发展有着极其重要的意义。

有学者揭示出：从总体来看，浙商已经完成了从"初创期"向"成长期、成熟期"的过渡，绝大部分浙商都已经具备承担企业社会责任的能力和条件。[①] 因此，对浙商参与公益之研究，亦是对浙商所肩负的实现民族复兴的责任和使命之探查。

---

① 易开刚:《当代浙商的永续发展之道》,《华人世界》2007 年第 5 期。

(2)浙商参与公益的伦理动因是什么?

众所周知,第一代浙商大多是草根出身,财富来得很辛苦,而且没有所谓的"原罪",因此比较注重回报社会。 经过40年来的发展,浙商在取得非凡财富积累的同时,他们也常常心怀感恩,常思回报社会、造福乡里,这是他们最原始的愿望,因为他们感同身受。 无论是救灾扶贫、教育公益还是参与合作竞争,到处都有他们的身影。

比如,传化集团旗下传化股份于2016年10月13日晚发表公告,称其证券简称变更为"传化智联",并透露其控股股东传化集团股东徐传化、徐冠巨、徐观宝一致同意,捐出总价值30亿元的现金和有价证券,注入正在筹建中的传化公益慈善基金会。 该基金会主要关注精准扶贫、医疗与健康、教育与科技、绿色与生态、农业与农村及员工发展与保障工作等领域,以更好地回报社会和企业员工。 传化集团董事长徐冠巨表示,成立传化公益慈善基金会,是传化"在发展好企业的同时,致力于推动社会进步"这一发展初衷的深化体现。 数据显示,30年间,从出资改善农村基础设施,到与30多个村"联乡结村"帮扶;从扶贫济困到捐资助学;从"春风行动"到"帮扶基金";从突发事件到自然灾害,传化集团累计捐助社会公益事业1.8亿元。

再比如,众多国内外高校在庆祝校庆的同时,都或多或少迎来企业家校友的慷慨捐赠。 "2017浙商慈善榜"中就出现了多家高校的身影。 2017年5月,迎来120周年校庆的浙江大学收到了多笔来自浙商的捐赠。 "80后"夫妻王麒诚和吴艳向母校浙江大学捐赠1亿元,成为备受关注的校友捐赠活动之一。 在"2017浙商百富榜"上,王麒诚、吴艳夫妇以240亿元的身价排名第15位。 捐赠款项将用于设立"浙江大学教育基金会汉鼎宇佑发展基金",并将设立"王麒诚吴艳奖学金"。 值得一提的是,据浙大新闻办发布的消息显示,该笔捐赠实际将以10年时间为限分批捐赠。 事实上,分批捐赠是不少企业或企业家的选择。 比如同年6月23日,大北农集团董事长邵根伙向浙江大学教育基金会捐赠4亿元,该笔捐赠就将在4年内分批捐赠。 除了浙江大学,宁波大学2016年也迎来了自己的30周年校庆。 校庆期间,"宁波帮"的数名企业家已向宁波大学捐款7 100万元。 这其中,就包括了上述榜单中的黄崇圣、叶建荣等企业家。

而阿里巴巴董事局主席马云在近 6 年来已捐赠超过 170 亿元，占其财富总额的 10% 左右。 就此来看，马云已经算得上最为慷慨的企业家之一。 2013 年，马云出任大自然保护协会（The Nature Conservancy，TNC）中国理事会理事长，并向中国全球保护基金（Chian Golobal Conservation Fund，CGCF）捐赠了 500 万美元。 同样是 2013 年，马云夫妇正式加入生命科学突破奖（Breakthrough Prize in Life Sciences，BPLS）基金会，他们每年将向生命科学突破奖基金会捐赠 300 万美元。 2014 年 12 月，马云发起并捐赠成立浙江马云公益基金会。 该基金会初期重点关注中国乡村教育发展领域，马云乡村教师奖每年出 1 000 万元奖励 100 名优秀乡村教师，马云乡村校长计划则投入 2 亿元表彰潜在的乡村教育家。 以上这些只是可统计的一小部分内容，而马云入选"2017 浙商慈善榜"则主要源于 2017 年 6 月，马云携阿里团队捐赠 5.6 亿元成立浙江大学医学院附属第一医院发展基金，支持医学教育事业。

由此可见，浙商不仅是捐助式的从事慈善，更注重参与式的捐助。 这就已经超出慈善范畴，而带有公益属性。 也就是说，浙商不仅仅是"献爱心"之后了事，而是在做出合乎理性与伦理的思考的前提下，建构起情感关联，乃至重构社会关系，从而展现出"以利养义"的伦理理路。

譬如，2006 年 5 月 18 日，在重庆璧山中国西部鞋都举行的欧盟反倾销"六方会谈"上，王振滔联合百家鞋企代表发表了中国第一个抗议欧盟鞋类反倾销宣言——《重庆宣言》。 两天后，奥康派出全权代表参加由商务部支持、中国轻工工艺品进出口商会组织的"抗辩团"，赴欧盟出席 5 月 22 日在布鲁塞尔举行的"对华鞋产品反倾销听证会"。 在听证会上，奥康代表陈词抗辩，抗议欧盟对中国鞋做出不公正的反倾销裁决。 6 月 15 日，王振滔应欧盟鞋业联合会主席卡尔沃的邀请，以中国制鞋企业唯一代表的身份，出席在西班牙阿里肯特举办的西班牙鞋业论坛。 王振滔认为，一个负责任的企业家，无论是对于自己的员工、消费者、社会弱势群体，还是对环境保护、资源节约等，都要有一种整体的考虑和强烈的社会责任感，只有尽到这些责任，企业才会更好地发展，才能形成企业家社会责任和企业发展真正意义上的互动效应。①

那么，浙商"以利养义"及参与公益的伦理动因是什么？ 如何从伦理学层面对改革开放 40 年浙商参与公益进行合理辨明？ 这是需要进一步研究的问题。

（3）如何对浙商参与公益进行实践总结与理论提升？

改革开放 40 年来，浙商的足迹几乎遍布全国各个省区市，影响着中国人思维方式的转变，活跃了社会主义，并在承担社会责任方面扮演更重要的角色。 越来越多的浙商不再以利润为唯一追求甚至不将利润作为追求，而是向"责商"和"哲商"发展，参与公益成为他们重要的价值取向。

因此，在某种意义上，一部浙商发展史也是公益史（基于上文所阐明的"大公益观"视角）。 近年来，在浙江这片富庶的土地上，慈善事业不断发展。 作为民营经济发达地区，浙江的一批民营企业和商人纷纷投入到公益慈善事业中来。 从华立集团董事局主席汪力成发起设立浙江绿色共享教育基金会，到奥康集团董事长王振滔慈善基金会通过微博发布爱心助学征集令，再到阿里巴巴公益基金会获批，越来越多的浙商正加入公益慈善的大军中来。 目前，浙江已有马云公益基金会、正泰公益基金会、浙江华策影视育才教育基金会等由浙商牵头成立的近百家基金会。 不独有"正泰公益基金会"这类机构为社会带来徐徐清风，"天天捐""淡淡一笑"这些匿名个人捐赠者也把钱捐给真正需要帮助的人，彰显出世间美好的爱心接力。 此外，日益增加的诸如"滴水公益"、苍南县壹加壹应急救援中心等完全由社会力量创办、运行的公益慈善组织发挥了越来越重要的作用。 爱在后备箱——圆梦项目（浙江省阳光教育基金会实施）、"四季沐歌"慈善救助项目（绍兴市慈善总会实施）这些公益品牌将会继续进行，发扬浙江最美精神。②

那么，如何对浙商参与公益进行实践总结与理论提升，以期对未来社会各界"共圆中国梦"有所裨益？

---

① 徐益平：《"慈善家"王振滔的华丽转身》，《西部改革》2007 年第 5 期。

② 石玉：《慈善新潮流 浙商再出发》，《中国民政》2015 年第 20 期，第 47 页。

1.1.3 研究意义

意义源自问题,研究意义伴随着对问题的回答而生发出来。 本书研究的意义也突破了开始提出问题时设定的阈限,从而将研究意义提升到对浙商"终极使命""精神追求"和"价值意义"等伦理关切上,从而具有特定的时代、理论、现实与实践意义。

(1)时代意义:有助于推进国家治理体系和治理能力现代化

党的十八大以来新的历史时期,以习近平同志为核心的党中央积极推进国家治理体系与治理能力现代化,多次阐释和秉持共同参与、责任共担、利益共享的治理理念。 《习近平谈治国理政》一书中指出:"要发挥国家治理体系和治理能力的独特优势,把党和国家机关、企事业单位、人民团体、社会组织等的工作能力都提高起来。"《中共中央关于制定国民经济和社会发展第十三个五年规划的建议》指出:"支持慈善事业发展,广泛动员社会力量开展社会救济和社会互助、志愿服务活动。 ……完善党委领导、政府主导、社会协同、公众参与、法治保障的社会治理体制,推进社会治理精细化,构建全民共建共享的社会治理格局。" 从深层意义上看,现代公益是民主政治与公民权利的生命力保障。 研究浙商如何参与公益,有助于企业主体参与到推进国家治理体系和治理能力现代化的事业中,共圆中国梦。

(2)理论意义:具有浙商研究新视角

关于浙商发展的研究视角,经济角度是主流,从本质上探讨浙商财富积累之路;也有从慈善角度入手,探讨浙商行为的合法性与合理性问题。 本书基于马克思主义伦理学新视角,遵循"本体论—生存论—方法论"的思维理路,并搜集和整理了大量的生动案例作为论据支撑。

(3)现实意义:有助于增强浙商美誉度

改革开放 40 年来,浙商成为中国知名的财富群体。 但是同时也要看到,部分浙商存在功利主义和机会主义倾向,例如过度进入一些可以获取暴利的机会性行业(特别是房地产业)。 从浙商参与公益的角度探讨浙商发展,对浙商发展做出合乎伦理的阐释,对浙商未来发展做出契合道德的勾画,有助于在中国特色社会主义新时代提升浙商的美誉度。

(4)实践意义:为浙商发展路径增添公益维度

"公益事业是扶危济困的事业,是凝聚人心、增强正能量的事业。 在发展新阶段,大力发展公益事业,对于我国经济发展、社会和谐,对于培育和践行社会主义核心价值观,具有重要现实意义。"①在中国特色社会主义新时代,浙商必须在树立"经济自觉"的同时树立"道德自觉"。 浙商的未来发展必将是从物质到精神、从外向内的"生存革命"。 在此意义上,本书不仅是为浙商过去 40 年发展做道德论证,亦是为浙商未来发展提供实践参照。

1.2 国内外相关文献综述

综合观之,国内学界已经自觉地从各种维度阐释浙商发展,而国外学界则在公益的参与性研究方面取得了一定的成果。 然而可谓各执一词:或者偏重经济学研究,忽视伦理学研究;或者从伦理视角切入,但缺乏作为重要方法的唯物辩证法,忽视作为根本方法的历史唯物主义,且未能以实践这一基本概念一以贯之;或者运用某一伦理学视角,却尚未系统地运用伦理思想方法;或者从慈善思维研究浙商,却缺乏现代公益理念作为支撑。 本书以马克思主义伦理学为指导,系统运用一般伦理学的基本范畴,厘清公益与慈善之不同,将其运用于对改革开放 40 年来浙商公益的研究。

1.2.1 国内文献综述

国内相关文献从不同角度、不同侧面,揭示了浙商因何参与公益、为何参与公益及如何参与公益等核心问题。

(1)浙商发展有着深刻的伦理动因

相当一部分学者总结了浙商的"成功之道"。 例如,黄永军在《浙商商道》一书中,概括了浙商制胜的 28 个"商道",包括敢于冒险;追求效率;精打细算;精明能干;开拓创新;抱团打拼;关注政策导向;圈子主义;吃苦耐

---

① 蓝军:《发展公益事业 共建和谐社会》,《人民日报》2014 年 6 月 3 日。

劳，追求财富；低调平实；微利是图；重商精神；把握最佳经营机会；成立商会，准确判断，紧抓商机；审时度势；时不我待当机立断；追求正道；洞察敏锐；诚信为本；整合资源，超越自我；敢于从书本中跳出来；不是追随市场而是创造市场；经世致用；浙商的变与不变；读懂消费者需求；网络为王和细分目标市场等。（黄永军，2007）

从伦理学视角来看，上述对浙商"商道"的概括，多半为"理智德性"。① 而实际上，浙商真正的"成功学"，乃是"理智德性"与"道德德性"的结合。

国内学者易开刚于 2009 年著的《浙商伦理转型研究》一书，从伦理命题切入，研究当代浙商。易开刚经过系统地研究，提出了浙商伦理转型的三大趋势——价值追求中的义利之辩：从浙商"义利对立"向浙商"义利统一"转型。关系场域中的权责之辩：从"权利伦理"浙商向"责任伦理"浙商转型。生态环境中的天人之辩：从"天人对立"向"天人合一"转型。同时，他还提出浙商人格转型的三大趋势：从"小我"本位到"大我"本位的观念转型；从"封闭压抑"向"开放健康"的心理转型；从"战术竞争"向"战略竞合"的行为转型。他关于浙商伦理转型的认识，最核心的就是以德为本，即商人的最低道德底线——不伤害原则。从这一思想原点出发确定浙商的义利观、社会责任感与环境意识。他提出了"浙商伦理转型：从经商到为人"这一命题，并提出 21 世纪浙商应超越自我、领悟生命真谛，超越钱财、感悟经商之道，超越功利、觉悟"人之为人"。

国内学者杨轶清于 2013 年著的《浙商简史：从启蒙传承到超越》一书，对浙江区域经济进行了人格化解读。杨轶清指出，浙江的商业文明历史源远

---

① 亚里士多德将内在品性统摄于灵魂，从中导出灵魂的"逻各斯"部分即理智德性（如智慧、理解、明智），以及灵魂的"非逻各斯"部分即道德德性（如慷慨、节制）。依据不同的实现方式，美德可指履行社会角色的品质，可指能够自我实现的品质，也可指获得成功的品质。依照亚里士多德的学说，灵魂分为有逻各斯和非逻各斯两个部分。有逻各斯的部分可根据它们处理题材的不同而分为知识的和推理的部分，后者就是我们处理实践事物的实践理智，明智是其德性。非逻各斯的部分又可分为植物性的部分和欲望的部分，后者关涉我们的道德德性，其卓越之处在于接受理性的主宰，合于理性的欲望和情感倾向就是道德德性。实践理性和道德德性不可分离。

流长，工商业活动自古就有深厚的民间基础。 在农业经济占据绝对优势，商人居"四民"末位的传统社会，较之于大多数兄弟省区市，浙江的商业和商人的作用和社会地位较为突出。 被视为中华商祖的范蠡，其事业的起点及主要舞台在越国（今绍兴一带）。 越王勾践能够兴越灭吴，其国力强盛的基础即来自范蠡"农商兼备"的战略思想和实践；元末明初传奇巨商沈万三年少时离开故乡南浔闯天下；晚清首富胡雪岩终生以杭州为其事业根据地。 南浔商人"四象八牛"富可敌国；宁波商帮更是群星璀璨，影响力至今不衰。 在历史上各个时期，无论是工商业活动、商业思想，还是名商巨贾，浙江皆走在全国前列或具有典型性。 这也是改革开放之后浙商崛起为当代中国第一商帮的源头活水和历史必然。 浙商是四维一体的复合式概念：既是自然人，也是法人；既是经济现象，也是文化现象；既在本土创业，更活跃在全国各地和世界各国；既有历史渊源，更在改革开放后崛起为当代中国第一商帮群体。 总之，《浙商简史：启蒙传承到超越》是一次对浙江经济史的人格化解读，通过对浙商历史的梳理，厘清浙商文化和浙商精神形成、演变和发展的过程，为解释浙江经济和浙商发展的成因、特征包括优劣势等提供了一种新的视角和思考方式。 值得一提的是，杨轶清还概括出当代浙商的崛起和演变路径，并划分为四个阶段：半自主创业阶段、自发创业阶段、自觉适应阶段和自由发展阶段。

在上述文献的基础上，如何在浙商发展过程中提炼出参与公益的超越性向度？ 如何采取马克思主义伦理学的立场、观念和方法为浙商参与公益提供实践经验的学术总结与理论指导？ 浙商如何在参与公益中实现义务论与功利论之统一？ 这些都是有待进一步深化研究的重要问题。

（2）浙商发展与改革开放以来社会变迁的历史性同步

郑永年在 2011 年发表的《"浙江模式"值得深思》一文中，对改革开放以来浙江民营经济主体与政府的明晰关系进行了肯定。 郑永年指出，浙江民营经济的发展并非没有产生过问题。 例如，民营经济的发展也导致了环境的恶化。 但是，包括环境在内的问题在浙江能够很快得到重视，也能很快得到纠正。 这和民营企业的性质是分不开的。 在浙江，企业、政府和社会往往是相对独立的，互不依赖。 一旦企业对其所处的社会环境不负责任，政府和社会比较容易对企业施加压力，纠正其行为。 而在中国的其他地区，因为政府和企业有着千丝万缕的关系，纠正企业的不当行为是一件非常困难的事情。很显然，当政府和企业走到一起时，社会就很难对企业产生影响了。 在民营企业和国有企业关系方面，在政府和企业的关系方面，在企业和雇员的关系方面，在经济增长和社会发展的关系方面，浙江实践都有其独特的经验。 这些经验表明，经济改革的问题并不是要不要走市场经济的道路，而是如何在走市场经济道路的同时处理好所有这些方面的关系。

然而，在明确浙商与政府（"第一领域"）相对"清"的关系的基础上，还要追问浙商企业如何与政府合作促进社会发展，还需进一步明确浙商与社会（"第三领域"）的关系，从而揭示浙商发展与社会变迁的历史性同步。

国内学者董明在《新兴商人群体形成与地方社会转型》（2012 年版）一书中，以浙江义乌为例，对改革开放以来极具活力和张力的新生经济利益群体进行了较为坚实的客观揭示，并初步揭示出浙商群体从传统到现代的转型。 董明揭示出包括义乌商人在内的浙商"义在财先"的辩证营利观。 追求利益是商人的基本特征。 商人总是把最高经济效益视为奋斗目标，总是把获得最大利润作为自己的最大追求，义乌商人也不例外。 义乌商人之所以把"财"看得很重，是因为在他们贫苦的成长环境中，吃尽了没有"财"的苦头，深知"财"对于自己生存的重要性。 因此，"蝇头小财也不舍弃"确实是义乌人行商的准则。 但是，与一般商人有所不同的是，义乌商人看重"财"的同时同样甚至更看重"义"。 以义获财、义在财先，成为他们独特的辩证营利观。 不在交易中"唯利是图"，不为追求利益而丧失"义"；"义利并重"，并且"义在财先"；"以诚待人，人人敬；以信办事，事事成"——这些哲理已成为义乌商人的座右铭。 在他们看来，只有买卖双方共赢才是真正的营利，"顾及他人利益，方能赚回自己利益"。 董明对浙商的上述揭示无疑是正确的，但是同时也应指出，"以义谋利"对于"以利养义"而言还是比较低的道德境界。 因此，必须将"以利养义"作为核心命题开展进一步研究，证明改革开放 40 年来浙商道德境界之提升。

国内作家袁亚平的长篇报告文学《行走天下——浙商新形态》（2013 年版）是首部全景式反映浙商的文学作品，揭示出浙商在全国乃至全世界的公益参与行为，通过"行商天下，行善天下"的公益实践已经并进一步改变世界。当然，浙商参与公益的"共相"仍需普遍性揭示。

（3）浙商进一步发展更需责任担当

近些年来，学界对企业家群体的慈善行为的研究日渐兴起。

王银春在《慈善伦理引论》（2015 年版）一书中，梳理了关于慈善责任是否属于企业社会责任范畴存在的两种截然对立的观点：一种观点认为企业社会责任包括慈善责任；另一种观点认为企业责任只包括经济责任、法律责任和伦理责任，不包括慈善责任。王银春认为，企业社会责任是否包括慈善责任，应根据企业发展的不同阶段加以具体分析。在企业创业阶段，经济责任和法律责任是企业首要遵循的责任，即企业必须先考虑盈利最大化的问题，因为企业的生存与发展问题是首先需要解决的。在企业的发展或者盈利阶段，企业在承担经济责任、法律责任之外还要承担伦理责任，或者说承担利益相关者的责任。在企业的稳定与充分盈利阶段，慈善责任也应当成为其承担的社会责任的一部分，这是由企业的社会角色所决定的。而且，在此阶段对慈善责任的履行，不仅仅局限在金钱与物质的捐赠，还应对在某个特定领域的公益慈善事业进行长期的支持与承诺。同时，企业应实现企业社会责任观念的变革，从纯粹义务性的企业社会责任观转变为支持企业目标的战略性慈善行为观。

有学者把浙商公益慈善事业放在转型升级的背景下进行考察。国内学者徐王婴在《浙商 1.5 时代——浙商 30 年 1.5 代里程》（2008 年版）一书中，指出了浙商发展过程中的一些局限性，具体表现在战略思想上喜欢做大，喜欢做外在的扩张，喜欢追逐机会。一些企业的大部分利润来自非主业的股权投资和房地产，一些浙商蜂拥而至房地产业，牛市到来的时候浙商纷纷涉足证券投资。一些浙商情不自禁地迷恋上"投机"而非"投资"，以致无法坚守商业底线。徐王婴认为，如果说改革开放 30 年间（按出版时间算），快速成长的浙商走过了 1.5 代的里程，从"草根"成长为中国第一群体，继而又成长为中国最优秀的商人群体。然而，那种因商业文化先天不足所带来的差距，却是浙商用 30 年甚至 50 年都难以弥补的。基于这样的认识，他把浙商 2.0 代的发展放在改革开放"后 30 年"的时代背景里。如果在这个"后 30 年"里，浙商新一代能够穿越国有垄断与跨国的丛林，驾驭着"万向""横店""传化"等发端于浙江、成熟于国际市场的跨国企业，浙商 2.0 代就真正成长为世界级的企业家，浙商群体也就真正成为世界级的商人群体。用海尔张瑞敏的一句话："要想一滴水不干涸，唯一的办法就是把它放到大海里去。"要想浙商的红旗不倒，要想浙商的事业后继有人，要想浙商的基业长成参天大树，就应该把浙商放到真正开放、真正市场化、真正全球一体化的经济大舞台上去。徐王婴对浙商发展的勾画，揭示了浙商要想进一步发展，必须超越追求利润的私营经济属性，向着中国特色社会主义制度属性看齐，进而向着命运共同体生成。

也有学者看到了浙商伦理转型的重要性与必要性。国内学者吕福新主编的《浙商崛起与危机应对》（2010 年版）对改革开放 30 年来（按该书出版时间算）的浙商转型、浙商人文精神等课题分别进行了研究，并把改革开放 30 年来浙商的崛起与挑战高度地概括为"个众与公共的展开、冲突和协调"。该书提出了关乎浙商转型的时代问题：如何从以个人和家族为中心转变为以企业和社会为中心，以缘约为主要纽带转变为以契约为主要纽带，以特殊主义为主要标准转变为以公平正义为主要标准，即从以私人信任为主转变为以社会信任为主，加强和提升社会责任，等等。上述问题，与浙商参与公益的历史与时代演进密切相关。

哲学伦理学者赵汀阳在《论可能生活》（2010 年版）一书中，指出人皆图谋利益是事实，但不是全部事实。同时也要看到，利益冲突迫使人们约定某些规范以避免过分冲突，这也是事实。经济学以人们的自私自利为给定条件而相当成功地解释了许多行为，但这种部分成功的解释显然导致了人们关于社会和生活的狭隘眼光，从而影响了人们对经济活动之外的各种生活的理解。"经济人"只能是特定条件下有效的分析假设，对这一分析假设的普遍推广将是灾难性的。其中尤其不合理的是，"经济人"被认为是永远理性的利益最大化者，可是反过来，理性又被"经济人"这一概念重新规定为能够保持一贯的利益最大化的思维方式。于是，一切能够显出道德价值和美学价值的行为就都被认为是不理性的，因为那些行为是"不值得"的，当然也就是愚蠢的和无意义的。这一意识已经成了现代普遍意识从而导致现代文明的重新荒蛮化。"德之丧失"（诸如勇敢、慷慨、仗义、信任、真诚和忠诚等等），"美之退化"（伟大精致、优雅、纯朴和纯情等等），这使得人性的光辉正在褪色。事实上，使得生活具有趣味和意义的事情都来自道德和美，如果一切都替换成经济利益，那么人就以新的方式退化为动物了。"经济人"的思维模式其实与动物求生存的思维模式是同构的，几乎可以对应。赵汀阳进而提出，伦理学要追随的不是事实而是事实所能够通达的理想，所要揭示的不是"现在是怎样的"而是"未来必须是怎样的"。

此外，《当代中国民营企业家精神的特点》《习近平发扬企业家精神思想探析》《浙江企业家精神的形成内核与价值》《浙江文化和浙江企业家精神》《浙粤企业家社会责任感的实证研究》等文章，也从不同角度与侧面研究和探讨了浙商公益的历史脉络与时代精神，以及未来发展的价值取向。

综上所述，浙商一方面是经济人，同时也应成为"道德人"。改革开放40年来的历史表明，浙商在参与公益慈善事业中有"德之彰显"与"美之展现"（如"最美浙江人""风云浙商"的若干典型）。浙商参与的现代公益事业是民营社会性救助事业，是一种混合型社会分配事业。其以浙商群体的慈爱之心为道德基础，以贫富差别的社会现实为存在基础，以社会捐献为经济基础，以民营机构为组织基础，以捐献者的意愿为实施基础，以社会成员的参与为发展基础，从而在维护社会公正、促进社会和谐与稳定方面做出重要贡献。总体来看，我们国家还处于从传统慈善向现代公益的历史转型时期，浙商参与公益的历史经验与未来走向还需进一步总结与提升。

1.2.2　国外文献综述

国外缺乏对浙商参与公益的直接研究，但对商人群体、企业社会责任与主体参与和现代公益理念的研究及阐释，对本书具有借鉴意义。

（1）国外学者有关商人群体的研究

由于新兴商人群体是相对较完全的市场参与主体，他们在经济、政治和社会等多个层面上所表现出的特质及趋势，成为西方政治经济学者研究过程中经常会借助到的重要阐释介体。一些国外研究者认为，改革开放以来中国的私有产权整合仍不能与西方资本主义私有产权的整合相提并论，因而使得私有企业的产权所有者不得不在双轨制度中发展与政府依附的整合关系，也即国家政治权力和经济体制及经济机制之间的相互作用、相互制约关系明显，两者随着中国社会的变迁，自身和相互关系都在发生变化。换言之，政治权力和某种经济机制之间存在着一种相互适应或相互型塑的关系，而这种关系本身又是广泛地"嵌入"在既有的社会关系和社会制度之中的。

法国著名社会学家、伦理学家涂尔干清醒地认识到，大革命后，社会普遍存在的失范状态，是抽象人格和抽象政治造成的后果。若要解决国家与社会的对立关系，就必须从民情出发，确立一种基于社会实在的社会科学和规范基础，并通过追溯法团的历史传统及其现代转变，将社会结构重新落实在职业群体之上，为现代社会个体道德和职业伦理的建设奠定组织基础。与此同时，涂尔干通过细致追查契约的历史脉络，批判了契约论视野下的抽象国家观念。现代民主制政治的形成，既不是通过个体意志权利让渡的结果，也不是纯粹国家权威的体现，而是经由职业群体作为政治的基本单位及由此形成的中介作用，通过代议制来实现国家的政治作用。正是自成一类的"社会"，为国家提供了更高的神圣基础及超越现实政治的人类理想，从而将现代政治落实在职业伦理和公民道德相结合的基础之上。[1] 在《职业伦理与公民道德——涂尔干对国家与社会之关系的新构建》中，涂尔干指出，任何人要想生存，就必须成为国家的公民。不过，显而易见的是，有一类规范却是多样化的，它们共同组成了职业伦理。这意味着，规范本质上具有两种形式，一种是均一的政治性规范，即卢梭所说的公意共同体下的每个公民个体，其权利在人民的形式上作为主权者，同时也作为国家的人民，而必有其被规定的义务。无论何时何地，这些义务在基本特征上都有相似之处，如忠诚和服务的义务。第二种规范则有所不同，对于职业生活来说，不同组织所规定的义务往往差别很大，教授与商人、士兵与牧师都各自履行自己的职责，其规范性的要求在某些方面不仅不同，甚至有些竟是对立的。这即是说，职业伦理与公民道德不同，它既不同于家庭的逻辑，亦不同于国家的逻辑，而必须有群体组织的保

---

[1] 渠敬东：《职业伦理与公民道德——涂尔干对国家与社会之关系的新构建》，《社会学研究》2014 年第 4 期，第 110—131 页。

护。 涂尔干的职业伦理思想对浙商伦理研究带来的启发意义：浙商参与公益不仅仅是个体的道德意志，也归因于功能性的职业规范要求，以及共同生活的群体情感和共同价值观。

国外学者一般研究"企业家"的概念只涉及价值不涉及立场。 美国经济学家黑尔斯（Hills）认为，所谓"企业家"，即那些能够抓住经济生活中的机遇或能够对经济生活中可能发生的机会做出反应，通过创新为其本人和社会创造更多的价值，从而使整个经济体系发生变化的人。 按其意思，"企业家"就是使财富发生增值的创业人。 美国经济学家熊彼特在 1934 年出版的《经济发展理论》一书中，进一步将上述定义明确为，"企业家"就是经济发展的带头人，或是能够创立新的组合的创新者。 美国学者奈特根据经济学中常用的一个概念——"不确定性"，认为所谓"企业家"就是那些在极不确定的环境中做出决策并必须自己承担决策的全部后果的人。 美国商业伦理学者威廉姆·H.肖（2008）则认为，超越利己主义的商业伦理不仅是可能的，也是必需的："如果商业行为仅仅把经济上的利己主义作为动机，那就必然会导致一种特殊的'囚徒困境'。 而且这里的困境与其他囚徒困境的情形不同。因为在这里利己主义动机作为产生困境的前提，是在外部被设定的，这种动机其实并非总是要产生两难的困境。 虽然商业行为中潜伏着'囚徒困境'问题，或者说它本身有可能造成这种困境，但这并不意味商业活动体制不能在某种程度上摆脱这种困境。"[1]

也有一些国外学者关注私营经济的发展推动"公共领域"结构转型的状况，以及以民营企业家为主体的商会是否预示着市民社会的形成等问题。 戴维认为，中国的经济改革可被看作一个非集权化过程，地方官员和企业家的关系变得越来越密切，并从"单向依赖"演变为"共存庇护主义"（clientialism）关系。 从这种关系中我们可以看出，改革所带来的社会自主性的提高，并非体现在市民社会对抗国家社会的自主性的增强上，而是体现在由相对于中央的地方政府与社会行动者联盟的自主性强化上。 戴维是明确使

---

[1] William H. Shaw. "Marxism, Business Ethics, and Corporate Social Responsibility". *Journal of Business Ethics*, 2008, Vol. 84(4), pp. 565-576.

用市民社会的框架来考察中国私营企业主的西方学者，其观点也较有代表性。他从东欧的经验出发，发现 20 世纪 80 年代在中国兴起的市民社会并没有导致政治体制的变革。为解释此现象，他将市民社会分解为两个层面来加以分析：一是企业家寻求与其他企业家群体之间的内部联盟，以考察他们作为政治利益集团的集体代表性；二是企业家寻求与其他被统治社会群体的外部结盟，以考察市民社会对抗国家的整体实力。通过对厦门的个案观察，他发现在社会背景、经营规模、经济政策和官员支持上的差异将企业主分割成不同的群体，每个群体面临不同的机会、限制，因而也采取了不同的联盟政策。由于官员具有对市场的广泛渗透能力，使大企业家和小企业主之间的行动策略发生着分化。大企业家更多地通过建立与官员之间的联盟战略，从而获得经济上的收益和政治上的保护；而小企业主则采取了逃避战略，以减少政府对自己经营行为的干扰。由此，戴维认为，虽然私营企业主所经营的企业都具有共同的"私营"性质，但他们却缺乏作为"利益集团"的统一的身份认同，因而在他们中间形成市民社会十分困难。他还进一步认为，中国的经济改革可被看作一个非集权化过程，即中央的计划越来越少，而地方官员的权力则越来越大。作为私营企业主，如何同当地政府机构结成庇护与被庇护的关系十分必要，且必须经营这个关系网，以赢得最大限度的利润，受到最大限度的庇护。由此，地方官员和企业家的关系变得越来越密切，并从"单向依赖"演变为"共存庇护主义"（Clientelism）关系。从这种关系中可看出，改革所带来的社会自主性的提高，并非体现在市民社会对抗国家的社会自主性的增强上，而是体现在相对于中央的地方政府与社会行动者联盟的自主性的强化上。市民社会是一个具有明显西方色彩的概念，它与西方传统密切相关，又伴随着东欧的政治转型而复兴。这种基于欧洲自由资产阶级时期和晚近东欧民主转型经验的"市民社会"模式，能否跨越时空与文化体制用之于分析当前的中国，其实有理由被质疑。所以，后来戴维本人也对其转型研究进行了反思，认为，他对理想类型的分析在逻辑上形成了循环错误，而把现实的特点给漏掉了，从而他的全部理论框架就变成了一种同义反复。但应该看到，戴维所观察到的"共存庇护主义"关系却已在较大程度上触摸到了客观事实的部分本真。而这也就是更多的学者开始选择用合作主义解释框架的现实依据。（David,

1995）

Kellee（2005）为考察中国私营企业家究竟是否形成了独立的阶级及是否具有集体性行动，通过对 1990—2000 年间的包括私营经济年鉴在内的全国统计数据进行分析，发现中国的私营企业家内部分化严重，也不同程度地体现出依附主义色彩，具体可分为 5 种类型：一是边缘型资本家，如 1988 年前的个体户；二是隐形资本家，如戴"红帽子"的集体企业家；三是依附型资本家及红色资本家，即与政府和官员具有密切关系的私营企业家；四是合作型资本家，即国家统合性经济组织，如在工商联个体劳动者协会、地方私营企业主协会任职的企业家；五是理性的资本家。

总的来说，国外学者对商人群体的研究带有"资本的逻辑"视角，认为资本主义制度不仅是企业性、市场性和关系性契约，公益以复杂的方式存在，并激发出各种各样的预防安排。在合资企业、共同基金、社交俱乐部、合作社等组织中，都具有某种程度的公益属性。但是，资本主义制度对成员权益的可让渡性进行了限制。

（2）国外学者有关企业社会责任与主体参与的研究

企业社会责任（Corporate Social Responsibility，CRS），是 1924 年由英国人欧利文·谢尔顿最先提出的。1953 年，美国学者鲍恩在 1953 年出版的《企业家的社会责任》（*Social Responsibility of the Businessman*）一书中最早讨论了这一问题。然而，迄今为止，对企业社会责任的确切定义，学术界一直争论不止，尚无定论，根据不同的界定标准会得出不同的结论。目前，最为经典的企业社会责任定义是 1973 年基思提出的。他认为，企业社会责任是指超过对企业狭隘的经济、技术与法律要求，需要企业考虑和应对的其他事务。关于企业到底要承担哪些责任，学术界也是争论不休。（Keith，1973）卡罗尔（1979）认为，企业社会责任包括经济责任、法律责任、伦理责任和慈善责任 4 类，由它们形成一个金字塔模型，相应地，每种责任的权数各不相同，依次为 4，3，2，1，这一权数被称为"卡罗尔结构"。

哈贝马斯（1999）关于公共领域的结构转型问题之研究，涉及私营经济主体参与问题。他一方面认为，平等公民权普及之后，大众的私人自律（private autonomie）再也不能像那些私人一样，将社会基础建立在私人财产所有权之上。 另一方面他也承认，在私人财产所有权的基础之上，衍生出对公共领域有效的交往和参与权利。 他指出："私人在资产阶级公共领域中联合成公民公众。 如果这种假定的社会自我组织的潜能能够被释放出来，那么，在一个不断扩张的公共领域中，文化和政治上已经动员起来的大众就必须有效地使用交往和参与权利。 但是，即便在理想的交往背景中，经济上不能独立的大众若想参与意见和意愿的形成过程，就必须获得与独立的私人财产所有者相对等的社会地位。 没有财产的大众（无产者）再也不能依靠参与以私法形式组织起来的货物和资本流通过程，来获取私人生活的社会条件。 大众中私人的自律地位倚赖于社会福利国家的保证。 当作为福利国家当事人的市民享有作为民主国家的公民赋予自身的地位保证时，这一衍生的私人自律就有可能成为原初私人自律的对等力量，后者建立在私人财产所有权的基础之上。"①

美国著名政治经济学家 C. E. 林德布洛姆在深入研究政府与市场的关系后指出，政治机制与经济机制是人类确保自身生存并借以提高生活质量的伟大发明。 （Lindblom，1977）罗纳-塔斯（Rona-Tas）较早地将中国的整个市场转型过程分为自下而上的"侵蚀"和自上而下的"市场转型"两个阶段。 他认为在第一阶段，私营企业主与地方政府和官员之间存在着共同的利益，他们形成了庇护性的共生关系；只是在第二阶段，国家制定了一系列政策鼓励私营经济的发展，政府与私营企业和私营企业主之间的关系才开始以市场为导向，逐渐走向规范。 （Rona-Tas，1994）顺此路径，韩国世宗大学学者李汶纪（2003）认为，由于两个阶段制度因素的差异，让私营企业主与政府的关系模式发生变化。 他认为，这一模式变化可被认为是从侵蚀期缺乏规范性的"官商一体化"结构向转型期较为规范性的"非冲突性分化"结构的转变。 布鲁斯·迪克逊也明确指出，私营企业家很可能成为国家的伙伴，而不是反对者；他们可能关注地方事务和程序问题，而非抽象的公共、政治和社会权利。 而其中的重要原因在于政党国家采取了有效的吸纳战略，使得私营企业家成为

① ［德］哈贝马斯著，曹卫东、王晓珏、刘北城等译：《公共领域的结构转型》，学林出版社 1999 年版，第 13 页。

体制的伙伴。（Bruce，2003）

（3）国外学者有关现代公益理念的研究

西方现代公益的发展，离不开哈贝马斯所指的公共领域的结构转型。哈贝马斯曾经尖锐地指出，资本主义社会的公共领域作为政治和经济影响的媒介，其作用发挥越大，它的政治功能就越弱，从而被伪私人化了。他在《公共领域的结构转型——论资产阶级社会的类型》一书中，通过对资本主义发展史的描述指出，国家和社会的分离是一条基本路线，它同样也使公共领域和私人领域区别开来。哈贝马斯认为，资产阶级正是借助公共领域这一利器才结束了封建专制统治，并实现了自身解放。然而，在经历了短暂的发展之后，公共领域的理性光环却黯然退去，伴随着本身的转型而最终成为再次封建化的"伪公共牢笼"。（哈贝马斯，1999）

美国学者徐贲在《什么是好的公共生活》（*Cultivating the Common Good*）（2011年版）一书中，就美国的公益慈善事业，提出公益精神与公民美德的内在关联：作为公益行为的捐赠是一种经常性的行为，不是等到有了灾情才采取的应急措施。普通公民普遍参与公益，这有助于从正面确立公益的社会意义和利他道德精神。公民越多参与公益，公益才能越加成为公众心目中真正的好事。公民参与公益可以让更多的人看到社会风气和公民行为的相互补充关系。人并不是一生下来就有现成不变的道德价值，人的道德价值是在人群关系中学习和逐渐形成的。这种人群关系包括家庭、交往者、学校、教会、职业联系和特定的社会等等。如果人群期待和鼓励人们捐赠，把捐赠当作人群成员应尽的责任，形成一种风气，那么即使不捐赠的人也会知道捐赠是一种有道德心的好事，也会知道没有利他的道德意向就不可能有可靠的捐赠制度。如果公众普遍有了这样的想法，公益行为也就成为一种社会自助和互助的优良公民行为。

加拿大学者威尔·金里卡在《当代政治哲学》（2002年版）一书中，对共同体主义的公益观进行了介绍。罗尔斯式的自由主义者强调平等的偏好，并据此构建正义理论。但是，其不能从根本上以一种公共的立场去评估偏好。如果说在自由主义的社会里，公益是按照个人的偏好模式和个人的善观念来进行调整的，那么在社群主义的社会里，公益就会被想象成一种关于优良生活的实质观念，并由它来界定共同体的"生活方式"。 这种公益不再取决于人们的偏好模式，相反它为评价那些偏好提供了一个标准。 共同体的生活方式是对善观念进行公共排序的基础，而个人偏好的分量则取决于偏好者在多大程度上吻合了这种共同利益或在多大程度上为这种共同利益做出了贡献。 因此，对那些界定着共同体生活方式的共同目标进行的公共追求，并没有受到中立要求的约束。 它优先于个人对资源和自由的要求，而这些资源和自由却是人们追求自己的善观念时所必需的。 社群主义的国家能够并且应该鼓励人们采纳与共同体生活方式相吻合的那些善观念，而阻碍与之相冲突的善观念。因此，社群主义的国家是一种完善论国家，因为它需要对不同生活方式的价值进行公共排序。

总的来说，国外学者对现代公益的研究，为本书的研究提供了新视角；本书的研究将批判借鉴国外学者对中国商人群体及政商关系的研究。

然而，必须清醒地看到，西方公益研究在总体上缺乏马克思主义的立场、观点和方法。 马克思和恩格斯在《德意志意识形态》一书中，曾对公益包含的内在矛盾做过深入分析。 他们认为，"利己主义"和"利他主义"不过是一种统一利益的分裂形式。 在"虚幻的共同体"中，作为"公共利益"代表的国家要求个人利益为国家利益做出牺牲，向人们灌输这种"利他主义"的道德原则并称之为"美德"；作为追求个人利益的现实个人则强调人的"自私本性"，要求实行"利己主义"道德原则，把个人利益的实现作为最高"美德"。 正因如此，马克思主义既不拿"利己主义"来反对自我牺牲，也不拿自我牺牲来反对"利己主义"，而在于揭示个人利益与社会利益对立的物质根源，并通过建立共产主义新制度实现"真正的公益"。 因此，在当下社会主义初级阶段，在个人利益和集体、社会利益的对立尚未完全消失的情况下，评价公益行动及开展公益行动应摒弃片面的"利他主义"思维方式，承认和尊重合法的、正当的个人权利；最为根本的，还是以广大人民的根本利益为最大的、真正的公益，不断完善中国特色社会主义制度和体制。

1.3 研究方法与研究目标

本书坚持马克思主义立场、观点和方法，对浙商参与公益的行为进行综合阐释；并旨在借助一般伦理思想方法，在"跨文本流动"中对 40 年来浙商参与公益的伦理意蕴进行深入发掘。

1.3.1 研究方法

（1）一般研究方法

①文献调查法。 本书通过查阅、购买和梳理国内外重要文献，在"中国知网""国家哲学社会科学学术期刊数据库"及"EBSCO 全文数据库""JSTOR 数据库"等中外各种数据库进行主题搜索，建立文本、电子多模态数据库。

②案例研究法。 案例样本注重选取典型性，调研分析注重研判客观性。本书从优化浙商公益行动的视角出发，厘清新时代中国特色社会主义公益参与路径。

案例(1) 浙商单位参与公益

作为国内小微金服标杆行，浙商银行积极投身小微金融、农村金融等领域，以多种方式履行商业银行的社会责任。12 年来（以 2016 年为限），累计服务超 13 万户小微企业客户，累计投放小微企业贷款逾 5 000 亿元，帮助解决的就业人口超过 200 万。

尤其是在国家实施精准扶贫战略以来，浙商银行通过完善服务网络、创新产品体系、提升服务质效，着力放大小微金服的扶贫效能，走出了一条独具特色的"造血式"扶贫之路。

四川省乐山市金口河区大杠村是浙商银行成都分行的定点扶贫点。从乐山市区到金口河区车程约 2 小时，从金口河再到大杠村，山高坡陡且道路泥泞，汽车无法驶入，徒步进村大概要走上半天。这样的"隐逸村"发展滞后，青壮年都走了出去,留下的几乎都是老弱病残。自 2016 年起,浙商银行成都分行开始通过结对帮扶和走访慰问的方式开展定点扶贫,为村里的贫困人群捐款捐物,并解决其生产生活、上学就业和求医问药的实际困难。

这是很多商业银行扶贫的缩影。村里以农耕、养殖业为主,因为交通不便,吃不了的土产只能烂在村里。怎样解决运输和销路问题,成了浙商银行帮助大杠村实现金融脱贫的切入点。在其制订的帮扶方案中,浙商银行将选择特定区域开办"浙商农场",并根据实际对村民种植的蔬菜、天麻,饲养的鸡、猪、羊等进行包销,帮助村民发展家庭种养业,一户一策拔除"穷根"。此外,由于大杠村地势高适合种植茶叶,浙商银行还带着与该行有贷款合作关系的茶叶经销商前来考察,打算试点农户种植、经销商包销的模式,为村民增收。一旦合作达成,浙商银行将通过贷款给企业,并给予降低贷款利率、提升贷款授信额度等政策倾斜,再由企业帮扶农户来实现对"三农"的间接金融支持,以此提升企业扶贫的积极性,同时惠及小微企业。

"金融扶贫不是简单的施舍救济,而是要坚持商业可持续原则。在精准扶贫的持久战中,我们既要发挥商业银行的自身优势,坚持长期扶贫不动摇,又要不盲目、不冒进,认真把握信贷投放的实质风险,促进商业利益与社会责任的协调发展,切实履行好银行的社会责任。"浙商银行有关负责人表示。

案例(2) 浙商个体参与公益

因为一位金华女人,美国人的朋友圈刷爆了。这缘于美国热门脱口秀节目《艾伦秀》官方 ins 上发布的一条视频消息:这名金华女人要捐出 15 亿美元拯救濒危动物,超过其资产的三分之一。按照当时的汇率,15 亿美元约等于 95 亿元人民币。在野生动物保护领域,这是有史以来收到的数额最大的一笔个人捐献。

捐助人的名字叫何巧女,一位曾经喜欢蹬着自行车游弋在西湖边的女子,如今已是中国园林景观第一股——东方园林的董事长。金华卖花姑娘,身家200 多亿元的何巧女的创业经历,早已成为白手起家的励志故事。1966 年,何巧女出生在武义县的一个农民家庭里,兄弟姐妹 5 人,她排老二。因为家里穷,她 10 岁才有鞋子穿,那是她 10 岁的生日礼物,一双凉鞋。父亲喜欢种花弄草。20 世纪 80 年代,父亲做起花木盆景生意,致了富,这深深地影响了何巧女。从武义一中毕业后,身材娇小的她考进了北京林业大学园林系,1988 年被分配到杭州园文局工作。那时,蹬着自行车在西湖边游弋成了何巧女最大的爱好。看着西湖美景,她甚至萌发了一个大胆的构想:要创造更多的西湖式美景。于是,她下了海。1990 年北京亚运会,父亲进京办盆景展销,何巧女帮忙打下手。由于外语好、懂园艺,她成了向外国人推销盆景的金牌销售。好几百元的盆景,那些外国人看上就买,何巧女嗅到了商机。她的第一桶金,是从卖花开始的。何巧女回到北京林业大学,租下了园林系的温室花房,和几个同学一起开花店;然后南下广州买进苗木盆景,租售给高档的酒店和写字楼。1992 年 8 月,她成立东方园林艺术公司,靠卖花和盆景,赚到了 100 多万元。正当她准备大展宏图之际,却跌入了人生的低谷:公司一位高管卷走了购买苗木的货款,急于翻本的她投入 100 多万元开铁矿,结果血本无归。被债主到处追债的何巧女没有气馁,带着施工队一草一木地推敲,力求把每个项目都打造成精品。东方园林名声大噪,公司也越做越大,此后的十几年,东方园林承接了一连串市政景观的订单,包括北京 T3 航站楼和北京奥林匹克公园的园林项目等。

致力于环保的"慈善女王"何巧女和董明珠被业界称为"商界双姝"。但她最出名的,不是她的财富,而是慈善。在决定捐出 15 亿美元拯救濒危动物之前,她已有震惊世人之举:2015 年 8 月,何巧女承诺将个人持有的、当时价值近 30 亿元的东方园林股票捐赠给她自己发起成立的巧女基金会。其中 1 亿元用于成立任鸟飞专项基金,保护我国 146 块候鸟栖息地。此举让她登上了中国公益研究院发布的"2015 中国捐赠百杰榜"榜首,也成为登顶该榜单的首位女性企业家。何巧女承诺捐出 15 亿美元拯救濒危动物的时间其实是在 2014 年 10 月 14 日。当天,她在摩纳哥透露了这个史上最大规模的针对野生生物保护领域的个人慈善认捐。同一天,世界自然保护联盟(International Union for Conservation of Nature,IUCN)在摩纳哥宣布,来自中国的何巧女成为全球第 15 位"自然守护者"。[①]

问题域:

● 改革开放 40 年来浙商如何将捐助慈善提升为参与式公益?

---

① 根据各种文献综合整理。

●如何从案例主人公的捐助行为中提炼出公益性？

●如何从哲学—伦理学维度对浙商参与公益的行为进行阐释？

●如何坚持以马克思主义伦理学的立场、观点和方法，对新时代浙商参与公益的未来进行勾勒？

③访谈法。 通过多种途径与场合，对浙商及公益人士进行访谈。 访谈提纲注重针对性，访谈问题置于改革开放 40 年来的历史大格局集中考量。

（2）特殊研究方法

①历史阐释法。 阐释是一种方法。 在某种意义上，本书的研究是对浙商参与公益的一种阐释。 亦即通过发现浙商参与公益中的"思想酵素"，并在一定"问题域"内进行阐释。 进而言之，本书的研究从伦理角度理解浙商参与公益的行为，试图做出方法层面"问题域的转换"。 于是，浙商参与公益不是凭空产生的，而是在 40 年来的历史发展过程中理智德性与道德德性的升华。

②坚持马克思主义的立场、观点和方法。 "现象学方法"提出"回到事情本身"。 但是，在坚持研究的客观性的同时，不能也不应坚持"纯客观主义"。 海德格尔认为，任何阐释都有"此在"已经理解了的东西作为"先见"；伽达默尔认为，任何理解者都具有"先前的判断"，理解者就是有"偏见"的存在。 这里所指的"偏见"是带有理解者立场、观点、方法及认知图式的阐释和体悟。 可见，"偏见"的视域是开放的：它可能有待于证实，也可能被"证伪"。 因此，本书不同于以往对浙商研究的重要特色，乃是立足马克思主义的立场、观点和方法，并结合历史与时代背景研究浙商参与公益的特质。 本书一方面将浙商参与公益作为客观存在的研究对象，同时又坚持历史唯物主义、唯物辩证法和马克思主义实践观等"核心理论"，对浙商的行为活动进行评价、批判及取舍，试图实现阐释学意义上的"跨文本流动"。

1.3.2 研究目标

（1）学术层面

本书通过划清公益界限，厘清公益概念，阐释浙商参与公益价值，探究浙商参与公益的实践路径，搭建了改革开放 40 年及新时代浙商参与公益的总体构型，如图1-1所示。

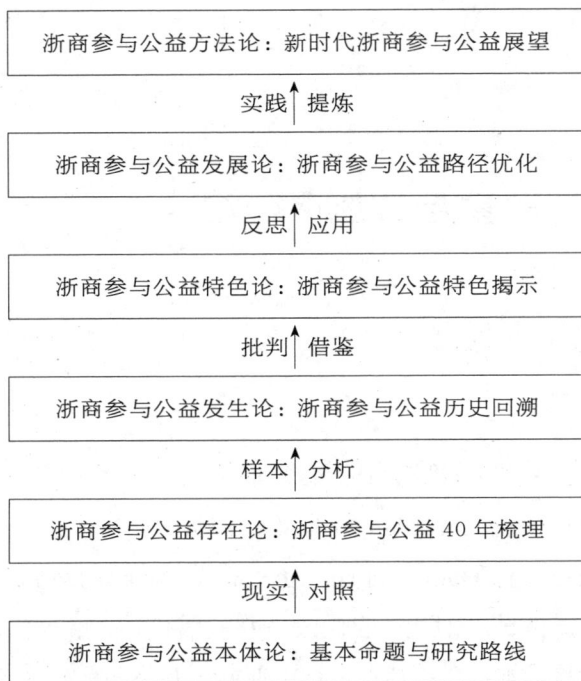

| 浙商参与公益方法论：新时代浙商参与公益展望 |

实践 ↑ 提炼

| 浙商参与公益发展论：浙商参与公益路径优化 |

反思 ↑ 应用

| 浙商参与公益特色论：浙商参与公益特色揭示 |

批判 ↑ 借鉴

| 浙商参与公益发生论：浙商参与公益历史回溯 |

样本 ↑ 分析

| 浙商参与公益存在论：浙商参与公益 40 年梳理 |

现实 ↑ 对照

| 浙商参与公益本体论：基本命题与研究路线 |

图 **1-1**　改革开放 **40** 年及新时代浙商参与公益的总体构型

（2）现实层面

本书根据浙商参与公益的 40 年确立道德坐标，从浙商参与公益中提取价值意义，从而帮助浙商在企业发展与社会贡献中树立道德自信，为厘清新型政商关系提供理论咨询。

2 浙商参与公益存在论

本章证明浙商参与公益的存在，对浙商参与公益的 40 年做出了证明：私营企业活动中存在公益经济旨趣，新型政商关系中存在公益政治建构，相互命运勾连中存在公益文化积淀。 同时，通过对历史境脉的发掘，发现浙商参与公益不仅直接前承改革前时代，因应改革开放时代，还顺应新时代。 继而依据马克思主义立场、观点和方法，梳理出浙商参与公益的基本特质：唯物辩证地向前发展，历史唯物地次序传递，以及呼应时代的实践创造。

2.1 浙商参与公益的存在证成

浙商代表人物之一邵逸夫曾说： "一个企业家最高的境界是慈善家。"①本书在 "前言" 部分已经申明：参与公益在浙商事业发展历程中具有重要地位。 接下来还要通过论据证明浙商参与公益的客观存在性。 如此，浙商参与公益 40 年这一命题才得以真正成立。 虽然浙商的企业活动没有以公益为原点，但是由于浙商同时带有历史与文化基因，在他们身上也熔铸着古今道德传

---

① 张进中、蒋继斌：《"一个企业家的最高境界就是慈善家"——故乡宁波缅怀邵逸夫》，《光明日报 》2014 年 1 月 23 日第 5 版。

统，在他们的商业活动中也蕴含着伦理意蕴。既然是"蕴含"，那么研究浙商参与公益无法"宏大叙事"，只能在具体行为活动中洞见其"以利养义"。大体言之，浙商参与公益涵容着"德性""义务"和"正义"等诸多道德元素，体现着企业主体对社会公益的深度参与。

2.1.1　私营企业活动中存在公益经济旨趣

如何处理财富与道德的关系曾构成"斯密难题"[①]。历史上对"斯密难题"有两种不同的观点：第一种观点是对立论。这种观点最早由19世纪以布鲁诺·希尔德布兰德为代表的德国历史学派所提倡，他们认为《国富论》与《道德情操论》这两部著作关于人性利己与利他的表达存在着相当大的不一致。他们认为斯密的《国富论》中，以人性的自私为起点，任何个人都是理性的"经济人"，并阐述了"经济人"的利己性；在《道德情操论》中，又以人的同情心为起点，主张同情和利他，论述了"道德人"的利他性。由此造成两部著作之间的相互对立，反映了斯密前后思想上的碰撞和矛盾。有德国学者认为，"起初认为人类交往是基于人们相互之间所感受到的一种同情的道德哲学家亚当·斯密，在某个时候变成了把自利视为激励人们行动的东西的经济学家亚当·斯密"，"斯密的两本书完全不一致，斯密可能是一个伟大的经济学家，但他不是哲学家"。[②] 第二种观点是统一论。德国历史学派的布伦塔诺于1888年攻击斯密的"经济人"是"经济的利己主义者"，是唯利是图的"抽象的人"后，随即引起了边际学派的代表庞巴维克的反驳。边际学派指出，斯密的《国富论》中对于人性的分析是从人的利己主义出发的，但它也是斯密的道德哲学体系中的重要部分，不能把《国富论》和《道德情操论》的思想对立起来，斯密在经济思想与伦理道德上的认识是一致的。这个观点

---

① 18世纪末至19世纪中叶，以亚当·斯密为首，以及马尔萨斯、李嘉图等一批经济学家建立了现代被称为"古典学派"的政治经济学。亚当·斯密于1759年发表了《道德情操论》，后又于1776年发表了人类历史上第一部政治经济学著作《国民财富的性质和原因的研究》。其中，关于人性利他与利己的不同理解引发了激烈的争论，至今延续了200多年。

② 杨兰、金鑫、李立元：《关于"亚当·斯密问题"的认识和思考》，《商业经济研究》2011年第18期，第11—12页。

得到许多人的认可。当代英国经济学家诺尔·P. 巴利指出，《道德情操论》与《国富论》的哲学基础是一致的，说这两部著作之间某些不一致是错误的，事实上，自利信条对于两者来说都是共同的。

"斯密难题"包含了经济学与伦理学之间的关系，更重要的是蕴含了人性的利己与利他的关系，两者是一致并非相互矛盾的。利己与利他是人的两个方面，就如同一枚硬币的两面，追求自身利益的最大化固然是经济发展的原动力，完善的道德人格更是经济发展的必要条件，只有两个方面相互统一达到相互均衡时，才能造就经济人与道德人相统一的市场主体。正因如此，诺贝尔经济学奖获得者阿马蒂亚·森对经济学与伦理学的分离深感担忧，试图在经济研究中重建伦理之维。

人不应只有自然境界、功利境界，还应有道德境界。只有动物才是为了"生存"的存在，而人则是为了"生活"并在生活过程中创造着自己的"生命"的存在。李嘉图的政治经济学理论，用物与物的关系掩盖了人和人的关系；黑格尔的思辨哲学，则将物与物、人与物、人与人的关系都神秘化为观念之间的关系。在马克思主义伦理学看来，改革开放以来浙商参与公益，是对破解"斯密难题"的现实实践回应。历史表明，企业家经营实践活动与参与公益并不构成悖论，而是相辅相成的。从更深层次上讲，参与公益还是对企业家的评判标准。所谓"企业家"，应该蕴含着从"动物式的存在"提升至"人的存在"的价值取向，将是否合乎"人的尺度""人的方式""人的本性"作为价值考量标准。

案例　担当·责任·热爱

阿里巴巴脱贫基金正式启动！马云宣布，未来 5 年将投入 100 亿元到这项业务中。面对"脱贫基金会主席"的新岗位，马云的公益理念是怎样的？今天，人民日报客户端独家专访马云，聊聊公益的那些事儿。

主持人：阿里巴巴作为一个上市公司，像脱贫这样大的战略性规划，您会不会担心阿里投资人不太高兴或者影响我们的股价，因为我们投了这么多钱在公益上？

马云：第一是我们的钱，一部分来自千分之三的营业额，这个跟投资人在上市之前都已经达成共识了。我相信我们的投资者会非常自豪,而且高兴,因为公司对社会有担当,我觉得我作为股东,特别高兴。

马云:我这么多年一直反对干的产品是假冒伪劣的,做的东西是污染环境的,年底捐一点钱,这样的人最让我恶心。我们就应该做这样的企业,我们既赚钱了,也做好事了,这是阿里要做的事情。

主持人:我们注意到今天来的媒体特别多,将近200多位的媒体,我记得只有像双11或者网商大会才有这样的规模,我们为什么搞这么盛大的一个行动的发布仪式?

马云:我在公司内部讲过很多次,慈善要低调,公益要高调,公益高调不是证明你多了不起,而是你做的这件事情有多了不起,大家来参与。我觉得任何公益,我们都要高调,公益是唤醒别人的意识,让大家统统可以参与。

主持人:你会去提醒你的团队,或者其他做公益的人,花100亿元的时候,或者说这5年里面要特别注意或者警惕的?

马云:做公益就像做企业一样,要有组织保障,要有人才保障,要有战略思想,要有愿景,要有使命,要有做公益的价值体系。所以我们这100个亿不是小数字,这是大数字,对于我们来讲,我们今天讲它是一个战略业务,既然是业务,就要有这些。

主持人:你觉得5年以后,阿里脱贫基金会做出什么样的答案来,是你满意的?

马云:这个脱贫基金会我希望看到我们所有员工都积极参与这件事情,我们所有干部,我们所有CEO在做任何战略决策的时候,都把这个环境治理、脱贫和经济发展赚钱整合在一起。

马云:第二步,因为有我们,不少的乡村发生了变化,因为有我们,有不少的环境得到了保护,因为有我们,有很多的农民变成了产业工人。

马云:企业要有文化,什么叫文化,文化就是品位,品得出味道来,文化不是贴在墙上的口号,文化并不是出很多大字报,文化是这个公司的味道跟人家不一样,它的人跟人家不一样,他喜欢的东西跟人家不一样。

马云:大公司病最主要的问题之一,就是职业经理人越来越多,大家都开始注重眼前利益,注重业绩,注重今天,注重面子。通过解决大公司病的主要方法,也不可能全面消灭掉那些病,但是你必须要有的是一个强有力的团队,这些人捍卫公司的利益、文化价值。

马云:以后有一天,我们这些人没了,别人如果记住我们,不是因为阿里巴巴,因为一定会有公司比我们做得更大,做得更好。记住我们的人会说这帮人当年在环境治理上面和公益上面的理念与众不同,这帮人是做了一些事情的。使这些人记住我们的是这些事情,为子孙后代留了一点地,留了一点水。

主持人:阿里有句话叫作科技是这个时代最大的公益,这给这个时代的公益事业带来哪些启发?

马云:我觉得最理想的企业都应该有公益的心态、商业的手法,所有企业都应该把商业模式和公益结合在一起。今天的技术、经济贸易必须全球化,必须普惠,必须可持续,必须绿色。阿里巴巴要变成一家有味道的公司,有人情味的公司,我们一帮有情有义的人,一起做件有价值有意义的事情,这是我们整个公司的出发点。

马云:公司有味道了,辛苦就值得了。否则再那么辛苦,再多挣钱,前面的钱还不知道怎么花,后面你又想办法弄新想法,那就像机器一样,没有意义。①

在上述案例中,马云将公益与慈善做出了功能性区分:慈善要低调,公益要高调。不是平时污染环境,年底捐钱搞慈善,而是"既要赚钱,也要做好事""所有企业都应该把商业模式和公益结合在一起"。

上述案例表明:浙商在私营企业活动中蕴含着伦理层面的旨趣。概括地说,改革开放 40 年来,众多浙商企业家不仅成为从事物质生产的"经济人",而且在经济基础上成为"道德人",从而成长为社会关系生产及精神生产的存在,成长为具有道德向度的生命存在。浙商参与公益 40 年,很多企业家自觉将经济与伦理结合,从而开拓出独特的"公益经济",并通过经济公益化与公益经济化的双重实践活动,做出对自身存在的应然表达:应该实现从"动物"向"人"的价值回归,应该从"物的存在"转向"人的存在",应该

---

① 人民日报专访马云:《高调做公益是为让全民参与其中》,新浪网,2017 年 12 月 1 日,http://tech.sina.com.cn/i/2017-12-01/doc-ifypikwt2345005.shtml。

从"人的存在"普及到"人和人的存在"。

2.1.2 新型政商关系中存在公益政治建构

"公益政治"本是社群主义政治哲学或道德哲学概念，其与自由主义的"权利政治"相对。社群主义者将公民积极地参与政治活动作为实现自我价值的重要途径。社群主义者还将参与公共利益建构视为公民美德，并把积极参与政治活动作为个人权利实现的路径。但是，虽然马克思主义的完善论按照对人类利益的某种超历史的解释来对生活方式予以排序，社群主义却按照吻合现存常规的程度来对不同的生活方式予以排序。"[①]由此可见，公益政治并非否认个人合法权利，而是提出一种更有利于实现共同体所有个体权利（亦即"共同善"）的优化路径。

改革开放之前，中国确立了社会主义制度，中国人民当家做主的权利得到了一定程度的保障。正如习近平总书记所说："我们党团结带领人民完成社会主义革命，确立社会主义基本制度，推进社会主义建设，完成了中华民族有史以来最为广泛而深刻的社会变革，为当代中国一切发展进步奠定了根本政治前提和制度基础，实现了中华民族由近代不断衰落到根本扭转命运、持续走向繁荣富强的伟大飞跃。"[②]但是，由于国家权力过于集中、计划经济体制等历史原因，公民参与公益政治缺乏有效路径，"大鸣大放"的"大民主"等超常规的参与终究导致"不民主"，"权利政治"脱离法制轨道，"公益政治"无从谈起。尤其在"一大二公三纯"[③]的经济制度下，浙商的经济基因无法激活。

改革开放改变了中国。习近平总书记说："我们党深刻认识到，实现中华民族伟大复兴，必须合乎时代潮流、顺应人民意愿，勇于改革开放，让党和人民事业始终充满奋勇前进的强大动力。我们党团结带领人民进行改革开放

[①] Will Kymlicka. *Contemporary Political Philosophy*, New York: Oxford University Press, 2002, p. 221.

[②] 《中国共产党第十九次全国代表大会文件汇编》，人民出版社 2017 年版，第 12 页。

[③] "一大"：所谓基层组织（如人民公社）的规模越大越好。"二公"：所谓公有化的程度越高越好。"三纯"：所谓社会主义的经济成分越纯越好。

新的伟大革命，破除阻碍国家和民族发展的一切思想和体制障碍，开辟了中国特色社会主义道路，使中国大踏步赶上时代。"①改革开放也改变了浙商，催生出了新浙商。研究发现，改革开放 40 年来，浙商实现了促进经济发展与参与政治的统一。改革开放以来，伴随着政治体制改革及对私营经济发展的鼓励和支持，浙商参与政治的积极性大为提高，并具有公益政治伦理意蕴。

在浙商发展初期，由于企业规模限制等因素，一些浙商认为政治离自己很遥远，"最大的政治"或许就是不做违法的事。参与政治对浙商而言，还属于可能性而非现实性的关涉。然而随着社会主义市场经济体制的建立健全，浙商群体在 20 世纪 90 年代尤其是进入 21 世纪以来，政治参与意识觉醒，并逐渐学会了通过正规渠道以审慎的方式与政府机关进行交流与合作。通过制度化政治参与（如选举和被选举人大代表），通过对政策的解读和响应，浙商走出了一条独特的、带有浓厚商业气息的参与公益政治之路。

案例　追求社会效益最大化

浙商胡成中 1999 年参与国企改革，整体兼并收购了杭州西子（集团）公司。2000 年挺进新疆，参与西部开发，整体兼并收购了乌鲁木齐宾馆、乌鲁木齐饭店、双安商贸城，投资开发了德汇国际广场，成立了吐鲁番葡萄股份有限公司，控股了新疆旅客运输集团公司等，都是响应中央的号召、顺应国家的政策而得到了发展的先机。为此，他还总结出这样的观点："国家的困难中就有商机，中央领导人思考的难点问题中就有商机。"

传化集团有限公司董事长徐冠巨永远都不会忘记在经商关键时刻政府给予他们的鼓励。20 世纪 80 年代末，在社会上对该不该发展私营企业还有争论的背景下，徐冠巨一家确实产生过"洗手"不干的念头。在这个关键时刻，宁围镇政府冒着一定的风险把传化公司评为镇先进集体，徐传化被评为镇劳动模范。也正是"一朵大红花、一张奖状"给了他们继续发展企业的信心和勇气。徐冠巨说："如果 1989 年下半年宁围镇党委政府没有那样做，很可能就没有今天的传化集团。"也正是基于对党和政府的感激和信赖，传化对党组织有很深的认

---

① 《中国共产党第十九次全国代表大会文件汇编》，人民出版社 2017 年版，第 12 页。

同。1998年,传化集团有限公司组建了浙江省首家私营企业党委,传化对私营企业党建的探索,被视为中国新经济组织与党组织新结合方式的一个示范点,其表现出来的成效和经验,引起中央和各级党委领导的关注和肯定。

浙商大多先在当地走进政府,成为当地人大代表或政协委员。如原皮卡王国际集团董事长贾云就是全国政协十届会议特邀代表、金华市人大代表、东阳市人大代表等。浙商参与政治后,提出了一系列务实的提案,受到当地和国家的重视。始创于1989年的星月集团,从办厂初期资产不足50万元,员工十几名到如今集工、科、贸于一体,横跨浙、苏、沪三地的中国民企500强的大型综合类企业集团,胡济荣始终强调做一名好的企业家,必须也是一名好的社会活动家和公益家。2003年元月,胡济荣光荣当选第十届全国人大代表。当上人大代表以后的胡济荣,深感责任的重大。他曾这样表示:作为企业家,应当锲而不舍地追求效益最大化,多为民族经济做贡献;而今作为全国人大代表,就要追求社会效益最大化,多为国为民献计献策。五次去北京参会,胡济荣共向全国人大领衔提交了80多项建议与议案,其中很多建议和议案受到了国家相关机关的重视,并进入高层的决策视野,得到上级机关和领导的充分肯定。胡济荣说:"五次参会,让我的眼界更宽,看问题也更全面,社会责任感更加强烈,人生的目标更加明晰。除了深感荣幸之外,更感到自己肩上的责任重大。如果下届我还能有幸成为人大代表,我一定会更努力,以新的优异成绩报答社会。"

2007年的"两会",全国人大代表、广厦控股创业投资有限公司董事局主席楼忠福和万事利集团公司董事局主席、党委书记、高级经济师沈爱琴就分别提交了关于制订《促进企业公民建设指导意见》的建议和关于《尽快制订中国企业社会责任标准开展企业社会责任认证的议案》的议案,受到高度重视。在十一届全国人大一次会议上,周晓光提出,我国一些批发交易市场有市无法,管理混乱的现象严重,迫切需要一部适合我国情况的批发市场交易法来规范买卖双方的经营行为。她建议全国人大尽快对商品专业批发市场开展立法调查,制定《中华人民共和国商品专业批发市场法》,以明确商品专业批发市场的法律地位,明确其在我国经济建设中的重要作用,从而规范商品专业批发市场的建设、管理和运行,并根据WTO的相关规定和专业批发市场在我国经济发展中的独特作用,用法律保护广大农户、工商户和中小企业通过专业批发市场得到发展的权益。此外,周晓光还建议,应明确中央政府和省、市(县)级政府,在专业批发市场规划、建设、监督和管理中的职能作用,明确商品批发交易市场投资体制、市场准入条件、投资主体资质要求、投资行为的法律责任等,同样也受到重视。①

在上述案例中,从浙商被动参与政治(被"一朵大红花、一张奖状"鼓励),到在人代会上主动提出议案,反映出改革开放 40 年来浙商参与公益的发展历程,可见浙商参与公益政治渐趋成形与成熟。再比如参与公益政治的典型浙商周晓光,她经常反复提醒和告诫自己,时刻不能忘记自己是从大山深处走出来的农民的女儿,必须牢固树立社会大局意识,不能仅仅局限在私营企业家的小圈子里去思考各种社会问题。当记者问及她为什么要打广告征集议案时,她回答说:"义乌市只有我一个人大代表,但义乌工人、农民和其他阶层的利益也由我来代表,如果听不到他们的声音,我的议案就缺乏广度和深度。"又说,"我个人的力量是很渺小的,眼光和思路也非常有限,但全国人大代表并非代表个人,而是代表群众。所以只有广泛听取人民群众的建议和意见,才称得上是一个真正的代表。同时,只有努力向人民群众宣传党的政策和方针,才能真正起到沟通政府和群众的桥梁与纽带作用。"②

一般而言,经商的目的是追求经济利益最大化。然而,真正的经商之"道"在于追求社会效益最大化。如此,才能为"生意"赢得政策体制条件与制度保障,才能成就道德的事业。正如浙商楼忠福所言:"作为社会的一分子,企业应当承担起应有的责任。企业公民建设要求企业不能单纯以'追求利润最大化'为唯一目的,而必须对人负责,对企业信誉负责,对环境负责,对应做的社会贡献负责。"③事实表明,浙商在参与公益政治中实现了企业与政府的良性互动,他们积极参与公益政治的热情与企业的红火及道德人

---

① 根据各种文献综合整理。

② 靳凤林:《制度伦理与官员道德——当代中国政治伦理结构性转型研究》,人民出版社 2011 年版,第 380 页。

③ 楼忠福:《让企业公民建设成为企业自觉行为》,中国建设报,2007 年 6 月 17 日,http://www.chinajsb.cn/gb/content/2007-04/07/content_207090.htm。

的养成密切相关。

2.1.3 相互命运勾连中存在公益文化积淀

美国文化人类学家洛威尔（A. Lawrence Lowel）提出，"在这个世界上，没有别的东西比文化更难捉摸。我们不能分析它，因为它的成分无穷无尽；我们不能叙述它，因为它没有固定的形状。我们想用文字来定义它，这就像要把空气抓在手里：除了不在手里，它无处不在"。但是，还是有学者试图对文化下定义。例如，英国人类学家泰勒（Edward Burnett Tylor）认为，"文化，……是一个复合的整体，它包含知识、信仰、艺术、道德、法律、习俗和个人作为社会成员所必需的其他能力及习惯"。中国台湾作家龙应台认为："品位、道德、智能，是文化积累的总和。文化不过是代代累积沉淀的习惯和信念，渗透在生活的实践中。"

如果说文化是一种长时期的积淀，那么公益文化则是逐渐地累积。浙商在改革开放初期的公益参与中，由于是私营企业主，多以个体参与为主，主要在关切自身利益中促进公益。但是，随着改革开放向纵深方向发展，随着企业规模的扩大及涉及范围的加大，浙商越来越感觉到单个个体的力量毕竟是有限的，于是开始寻求组织的支持，希望通过组织的集体力量来表达自己的想法，达到预期的效果。最为典型的就是各地商会的发展，以及它们在当地浙商发展过程中所起的作用。

在改革开放初期，浙江商人们一直处于散兵游勇似的创业阶段。从 20 世纪 90 年代开始，百万浙江人大军成了走南闯北的购销员，他们靠肩扛手提，推销浙江小商品。400 多万浙江人就此遍布全国，各地逐渐涌现出温州村、义乌城、浙江街。从"行商"到"坐商"的转变，使浙江商人们有了组团的想法，于是商会组织开始萌芽。尤其是异地商会，成为浙商公益文化的典型。1995 年，在昆明成立了第一家异地温州商会。2001 年，作为民政部建立"异地商会"的试点，浙江省开始在新疆维吾尔自治区和甘肃省建立浙江商会。相比于行业协会，浙江商会的参与性、公益性更加突出，并注重群体利益的理性、系统地表达，并在参与公共事务中建构起"个商"到"群商"的公益文化。譬如，2004 年 12 月，作为贵州浙江商会会员企业的广厦建设集团贵州公司参与贵州某单位工厂的投标，已中标而又被废除。 贵州浙江商会通过一系列工作，最后仍维持该公司原来的中标。①

从历史文化传统来看，中国商会的发展先是以血缘、地缘为标志的商帮。然后在此基础上，逐渐发展成以业缘为标志的同业公会，从而产生了近代商会。 而浙江新商帮的成立，则是和历史的程序不同，先是行业协会的成立，再到以区域为标志的商帮的建立。 浙江商会的追求实际上已经超越局部利益或者行业利益，其具有了影响公共政策的现代公益文化色彩。

案例 小河有水大河满，创业慈善万般和

没有"小河"——员工、合作伙伴的幸福，就没有"大河"森马事业的发展；只有让公司各利益相关方先受益，森马企业才能更好地发展起来。

邱光和是森马集团有限公司董事长、全国人大代表，并荣获全国五一劳动奖章、全国劳动模范、中国服装行业功勋奖章等诸多荣誉。妻子郑秋兰热心公益慈善事业，担任温州太平慈善功德会副会长及社区慈善工作站成员和大厦业委会成员。儿子邱坚强现任森马副董事长，是中国服装行业优秀青年企业家，荣获中国纺织服装行业青年才俊等荣誉。邱家还荣获 2015 全国最美家庭提名奖、浙江省最美家庭等称号。邱光和倡导并创办了温州第一家民营企业慈善分会——瓯海慈善总会森马分会。

企业创办 17 年来，森马积极投入各项公益事业，捐款捐物累计 1.7 亿元。2007 年，森马出资 100 万元结对助学，认助贫困大学生；森马的年轻员工在每年的端午、中秋、重阳等重要节日都去当地敬老院慰问。多年来，邱光和个人累计捐款捐物达 800 多万元，赢得了社会一致好评。②

在上述案例中，浙商强调的"小河有水大河满"，可谓公益文化的经典概括。 在我们的文化传统中，一般认为"大河有水小河满"。 但是，如果从本体论视角追问：大河的水从何而来？ 答案只能是：从众多小溪（小河）汇聚

---

① 根据各种文献综合整理。
② 根据温州瓯海邱光和家训综合整理（2013 年）。

而来。 当然，从目的论角度分析，"小河有水"不能自满，不能阻塞通往"大河"之路，而要承当为了"大河满"的使命。

改革开放 40 年来，在"小河有水大河满"的公益文化理念中沉淀出浙商公益文化精神。 对于浙商的企业家道德精神，有学者指出："从关系价值的视角分析，使他人获得快乐是一种大我的快乐，是更高层次的快乐，也是真正意义上的快乐。 因此，给需要帮助的人送去了物质财富，同时也获得了精神财富。 物质富有最多能叫富翁，但精神富有的浙商才能成为企业家，成为'大家'。"[①]进而言之，改革开放 40 年来，浙商在参与经济社会发展的历史进程中所形成的公益文化，参与建构出中国现代化的理性文化模式与运行机理。

当然，研究也发现，在中国特色社会主义新时代，如何从乡土文化走向契约文化、从经济理性提升到交往理性，仍是浙商参与公益尚未完成的状态。

2.2　浙商参与公益 40 年的历史境脉

马克思在《路易·波拿巴的雾月十八日》中提出一个命题："人们自己创造自己的历史，但是他们并不是随心所欲地创造，并不是在他们自己选定的条件下创造，而是在直接碰到的、既定的、从过去承继下来的条件下创造。"[②]浙商参与公益之所以能够 40 年绵延不绝，乃是因为根植于中华文化母体，依系从古到今的浙商公益慈善传统。 浙商参与公益 40 年，体现出浙商从事慈善活动的历史脉络与时代传承。

2.2.1　上溯改革前时代

恩格斯在《家庭、私有制和国家的起源》中揭示出，从蒙昧时代到文明时

---

① 易开刚:《浙商伦理转型研究》,中国社会科学出版社 2009 年版,第 124 页。

② 中共中央马克思恩格斯列宁斯大林著作编译局:《马克思恩格斯文集》(第 2 卷),人民出版社 2009 年版,第 470—471 页。

代，是不断超出家庭血缘关系的范围，进展到更广泛的交往范围的历史过程。从历史文明来看，浙江不仅从事商业活动，还不断创造出独具特色的商业文明。可谓商圣之地，事功之学，浙商之脉，源远流长。

浙江商业文化是实践着的文化，是有着学理根基的文化。现代西方思想家马克斯·韦伯通过对新教伦理与资本主义关系的研究表明，经济发展、商业文化与传统伦理之间有着内生关系："在构成近代资本主义精神乃至整个近代文化精神的诸多要素中，以职业概念为基础的理性行为这一要素，正是从基督教禁欲主义中产生出来的。"①现代浙商文化充分借鉴了海洋文化和中原文化的精髓，成就了文化传统中独特的一脉。这一文化基因以温州的永嘉学派和金华的永康学派为代表，在舍利取义、以农为本的农耕社会中就开始强调义利并重、工商皆本的观念，这无疑是一个人胆的创新。事功学派、永嘉学派及永康学派诞生于浙江绝非偶然，而是千家万户从事商品经济浸染之结果。

在传统儒家伦理与商业文化结合之内，浙商作育出公益品格。譬如，宁波之所以企业家辈出，乃至于被称为商界的"宁波帮"，与"诚招天下客、义聚八方财"的家风家训不无关联。在包玉刚的太祖父（小丝绸商）身上，曾有归还 5 000 两银票的"拾金不昧"的故事。于是，诚信成为包家的祖传家训。经由其父包兆龙（鞋帽商）的口耳相传，深深扎根于包玉刚心中，终于造就"世界船王"。再譬如，在湖州南浔，有"顾、刘、张、庞"四大家族，他们不是"皇亲国戚"，他们白手起家、艰苦创业，不仅给子孙留下了丰厚的物质遗产，也留下了不朽的精神遗产。例如，顾氏家族的顾乾麟以"得诸社会，还诸社会"为座右铭，时刻规范自己的经商行为。他还热衷于我国的教育公益事业，闻名中外的"叔苹奖学金"是以其父之名创办的。如果说"浙商精神"是草根精神，那么也可以说，其"根"在"家"，在浙江的"大家"，在"大家"的公益精神。近代以来，浙江商人以强烈的创业精神、杰出的经营才能和雄厚的经济实力称雄中国商界，为中国社会经济的近代化做出了重大贡献，从中产生了一大批工商巨子与实业精英。正如有学者指出：

① ［德］马克思·韦伯著，于晓、陈维纲译：《新教伦理与资本主义精神》，生活·读书·新知三联书店 1987 年版，第 141 页。

"在浙商参与慈善活动的过程中，传统慈善活动开始向近代慈善事业转型。如近代慈善思想基础——人道主义的兴起、操作中的'教养并重'，慈善活动的社会组织化，慈善组织管理的民主化，近代交通通信技术的运用及近代公益事业的兴起，等等。因为近代浙商作为新的生产力和生产关系的代表者，能够接受社会新思想和新兴事物，从而推动慈善事业的近代化。"①

　　受西方文明影响与传统文化熏陶，许多事业有成的浙商对聚财与散财、财富与责任的关系有着相当深刻的理解。综观近代以来的浙商慈善事业，相对于其他地域性商人群体，特点相当明显。首先，规模大，在相关慈善公益事业中具有举足轻重的作用。尽管对近代以来浙商慈善事业的财政规模难以有一个比较准确的统计，但从以下一些零星的数据中即可见一斑：早在 1909 年浙东慈溪县以旅外商人为主的私人捐助教育费用为 22 554 元，占当年全县教育经费的 52%。20 世纪 30 年代鄞县一地的小学近 800 所，其中 80% 以上为绅商所建；宁波一地公益事业的标志性工程为集资 70 余万元建成的灵桥，而当时号称宁波首县的鄞县（含宁波城区）年财政预算不过五六十万元。而在民初历次兵灾、水灾救助中，以上海为中心的浙商均发挥了主力军作用。据初步统计，邵逸夫的捐款总额已超过 100 亿元。其次，慈善地域范围广，不仅在家乡与经营所在地从事公益活动，而且往往突破地域范围，面向全国乃至世界。早在清末，旅沪绍兴商人经元善发起的义赈活动就遍及大江南北。1923 年，在中国对日本大地震的救助中，在沪浙商起了很关键的作用。而民国时期中国红十字会、华洋义赈会、济生会等多个全国性慈善团体主持人几乎都为浙江人，而其财政支柱则无一例外是在沪的浙商。在当代，不仅王宽诚、包玉刚、邵逸夫等巨商的善举面向海内外，赵安中、闻儒根等中小商人的义行也惠及全国各地。最后，慈善事业种类齐全，多元并存，对教育等社会公益事业更为重视。长期以来，在外创业的浙江商人，大多出身贫寒，他们早年饱受失学之苦，深切地感受到科学文化知识的重要。与此同时，清末以来，深刻的民族危机对形成"教育救国""实业救国"思潮有着广泛的社会影

---

　　①　王春霞、刘惠新：《近代浙商与慈善公益事业研究(1840—1938)》，中国社会科学出版社 2009 年版，第 13 页。

响。 为此，他们义无反顾地聚集到重教兴学的旗帜下，为振兴和发展民族教育事业出钱出力，奔走呼号。 从清末的叶澄衷、吴锦堂、严信厚，到民国时期的严修（南开大学创办人）、陈春澜（"南春晖北南开"之上虞春晖中学创办人），直至当代的王宽诚、包玉刚、邵逸夫等，一脉相承，且经久不衰。 如早期宁波帮代表人物叶澄衷，清末时在家乡庄市创办叶氏义塾，后发展为叶氏中兴学校。 由于师资优良、设备齐全，闻名遐迩。 邵逸夫、包玉刚、包从兴、赵安中和叶谋遵等宁波帮人士早年都曾在此求学。

案例　济世为民

查济民，浙江海宁袁花人，知名实业家、慈善家，先后创办中国染厂、名力集团、查氏企业集团和香港兴业国际集团等。1927 年考入第三中山大学（浙江大学前身）附设工业学校染织科学习。1931 年毕业，后历任常州、重庆、上海等地纺织染厂的工程师、厂长、经理。

1949 年后，他任香港中国染厂有限公司董事长。1977 年起任香港兴业有限公司董事长，后兼任该公司设在英国、美国、尼日利亚、加纳及印度尼西亚等国企业的董事长。60 多年从事纺织业、房地产业及全球科技投资业，为中国民族工业的崛起与壮大做出了贡献。查济民先生不仅是一位著名的企业家，还是一位知名的慈善家，在 20 世纪 90 年代先后捐赠 3 000 万港币及 2 000 万美元设立"桑麻基金会"及"求是科技基金会"，以积极表扬和鼓励对中国纺织业及科学技术发展做出杰出贡献的个人和团队。同时，他还是一位杰出的社会活动家，他是最早提出我国香港回归后保持资本主义制度不变的建议者之一。他与海宁查氏的另一位杰出人物，著名作家、报人金庸（查良镛）在基本法起草委员会会议上提出了有名的"双查方案"，为我国香港的顺利回归做出了莫大贡献。

他一生追求"求真务实、爱国济民"，为后世留下了宝贵的物质财富和精神财富。①

---

① 百度百科:查济民,百度网,2018 年 6 月 7 日,https://baike.baidu.com/item/查济民/4592554? fr=aladdin。

当然，就浙商内部而言，相对于前辈浙商及海外浙商的善举义行，大陆浙商的慈善事业尚处于起步阶段。 毫无疑问，包括港台浙商在内的境外浙商是近现代浙商慈善事业的主力军。 其原因相当复杂，其中两者的财富积累过程与时间均不一致，成长环境也有差异。 但是，今日浙商之所以能够承继公益慈善事业传统，在某种程度上是因为境内外浙商的历史律动。 正如有学者指出："经济力量的增强使商人阶层开始突破'在商言商'的传统，力求在社会事务中展示自己的风采。 他们通过积极参与慈善公益事业凸显其社会责任和主体意识，反映了近代市民社会的兴起的一端。"[①]

"士农工商"——商人为古代四民之末。 但是，正如上述案例所昭示：浙江商人在改变自身命运的同时，创造出底蕴深厚的浙商慈善文化——"求真务实、爱国济民"。 英国古典经济学家亚当·斯密不仅研究"国富"，更花大力气撰写了《道德情操论》，试图探求追求利润最大化的人如何能够控制（自私）情感，构建互利准则。 其实，这在浙商参与公益慈善事业那里不难找到答案。 今天我们提的"新浙商精神"，在某种意义上是浙江公益慈善传统的时代传承。 然而，中国传统的公益具有救济、赈济、互助性质，现在的慈善虽有公义，但尚未达到现代公益的发展水平。

2.2.2　因应改革开放时代

改革开放后，大批浙商又领风气之先，外出谋生创业，足迹遍及海内外。他们奋发图强，艰苦创业，也大多事业有成，成为推动公益事业发展的重要力量。

新浙商的崛起发生在改革开放之后，国内浙商参与公益自那时开始兴起。改革开放之前的 30 年，如果说集体时期发生的主要是"第三领域"的国家化，那么在自 20 世纪 70 年代末发端的改革开放，这一领域经历的是大幅度的社会化。 从浙江情况来看，现在"第三领域"的那些制度形式事实上只到生产大队一级的还存在，生产队以下的制度已经所剩无几。 与此同时，由于

---

① 王春霞、刘惠新：《近代浙商与慈善公益事业研究（1840—1938）》，中国社会科学出版社 2009 年版，第 13—14 页。

"指导性计划"取代了传统的"指令性计划"，镇（公社）与村（大队）管理的自主性远比先前要大。 而就镇级管理本身而言，居中下层职位的集体干部对于国家任命的上司也获得了更大的讨价还价的余地。 最重要的或许还是乡镇企业中那些新型的颇有实力的经理，他们大多依"责任制"方式行事，对村镇领导承诺达到某种产量与收入定额，可享有充分的管理权力。 一般而言，浙江较大的乡镇企业的经理们在其与村镇领导的交往中具有强劲的讨价还价实力。 当然，这些新现象并不意味着出现了"参与式公益"，最好是将其理解为既非纯粹国家的又非纯粹社会的，而是两方在居间的"第三领域"里生发出的结果。 它们体现的是两种因素的混合，其中既有国家指导性计划的影响，又有半自主的按市场导向谋求利润的作用。 它们不是国营的"第一类经济"，亦不是私营的"第二类经济"（或"非正式经济"），而是属于区别于上述两种经济的第三类经济。

可见，国家权力管制的放松为浙商提供了难得的机遇。 1992 年邓小平"南方谈话"之后，社会主义市场经济体制的逐步确立，客观上推动了公民社会与私人经济领域的巨大扩展。 由于国家对垂直控制的放松，民营企业家和政府官员干部之间的协商有了更大的余地，从而为浙商参与公益提供了可能空间。 国家控制的放松给企业主体经营带来了较大的自由，也为浙商作为多元主体之一参与公益提供了体制环境。 在这样一种社会政治体制下，这些实体的行政空间便成了居于国家与社会之间的"第三领域"的一种关键地带。 正是在这一地带，浙商从事着超出以往计划经济体制下的机构能力的公共活动；也是在这一地带，新型的国家与社会的关系在逐渐衍生，从而在政府和商人之间构成了更具协商性而非命令性的新型权力关系，演化出既区别于国家机构也区别于私人社团的权力关系及其自身的运作逻辑。 正如黄宗智所言："要想理解这些实体及其历史背景，我们需要破除将国家与社会做简单二元对立的旧思维定式。 与公共领域/市民社会模式的图式相反，中国实际的社会政治变迁从未真的来自针对国家的社会自主性的持久追求，而是来自国家与社会在'第三领域'中的关系的作用。"①

案例　浙商精神的与时俱进

浙商精神的内涵需要不断地完善、不断地丰富，需要与时俱进。有些人认为：浙商精神就是自强不息，讲求实效，勇于创新，坚忍不拔。到底什么是浙商精神，我看还要不断地丰富与完善，这是浙商精神与时俱进的一个方面。

浙商精神是一个时代的产物，是在一个特殊的历史时期，在一个特定的环境下所出现的时代精神，体现了中国改革开放的成就，具有鲜明的时代特征，具有一定的代表性。而这种特征与代表性照样需要与时俱进。比方说，浙江人的吃苦耐劳、千方百计、千辛万苦、千言万语、千山万水，白天当老板，晚上睡地板，等等。随着人们生活水平的提高，现代化建设的不断推进，以上这些内容照样需要与时俱进，不能永远晚上睡地板。

改革开放初期，浙江人相对较为贫困，我们台州人更是贫困，工业基础非常薄弱，我们只能因地制宜、因陋就简，凭着自己的一腔热血，实事求是地进入了一些较为简单的制造业，生产电冰箱配件、电冰箱、电冰柜。随着改革开放的不断扩大、深入，人民生活水平的不断提高，浙江工业基础不断加强，我们又进入了建材、装潢材料制造业，后来我们又进入了摩托车工业、汽车工业，吉利是全国第一家生产摩托车的民营企业，也是全中国第一家生产轿车的民营企业。我们从无到有，从小到大，从浙江走向全国，从中国走向世界，从一个行业走向另一个行业，吉利的每一次变革、每一步发展，都是与中国的改革步伐相关联的，都是与时俱进的具体体现。

自从中国加入WTO的那一天开始，世界的经济形态、中国的经济形态、浙江的经济形态都会因此而发生变化。一场全球性的产业结构大调整就会因此而来临。作为浙商，如何应对这样一个历史性的机遇与挑战，我认为这是一个重大的战略性课题。今天的浙商，就浙江而言，已经不具备成本优势、政策优

---

① 黄宗智：《中国的"公共领域"与"市民社会"》，邓正来、[美]杰弗里·亚历山大：《国家与市民社会——一种社会理论的研究路径（增订版）》，上海人民出版社2006年版，第425页。

势,无论是人力资源成本、交通成本、能源成本,还是国家倾斜性政策,浙江都不具备优势。作为浙商而言,唯一能够依靠的就是这 20 多年在省委、省政府的正确领导下所锻炼出来的参与市场经济竞争的本能。因此,今天的浙商遍布全国,乃至全球,哪里能发展就往哪里跑。我认为这也是一种与时俱进。

浙江产业结构面临快速转型的机遇与挑战,便宜不再是浙江产品的优势,生产便宜产品的地方已经发生转移,推进高附加值产业发展,培育全球型、战略型产业成长,提升浙商产业水平,增加浙商产品科技含量,扩大浙商企业规模,打造浙商国际竞争优势和新的品牌形象,这是形成浙商新的竞争优势的唯一出路,这既是历史赋予浙商的机遇,也是多年改革开放造就了浙商今天的地位。①

经济学家梁小民教授认为,浙商精神就是勤奋务实的创业精神,勇于开拓的开放精神,敢于自我纠正的包容精神,捕捉市场优势的思变精神和恪守承诺的诚信精神……如果说在改革开放初期,浙商精神主要体现在敢为人先地发家致富,那么随着改革开放的深入,浙商精神与时俱进地表现为热衷于参与公益、回报社会。

通过上述浙商企业家的概括可以提炼出:浙商精神之所以能够与时俱进,在于改革开放以来社会主义市场经济体制的不断完善,在于社会主义基本经济制度的调整。随着国家计划指令的放松,民间与政府之间的协商余地也在扩大,商业主体之间也在日益形成新的契约性关系,浙商参与公益显露出国家与社会间的制度化交互机制。因此,如果说改革开放初期浙商参与公益的主要表现为"破",那么在新时代则主要表现为"立"。

2.2.3 顺应新时代

在中国特色社会主义新时代,由于更加强调市场的作用(从"基础性作用"到"决定性作用"),市场主体的发育将更加完备。根据著者的判断,中国特色社会主义市民社会将渐趋形成。对于民间的公益参与,不能简单将

---

① 李书福:《浙商创业的新思维和浙商精神》,80 后励志网,2013 年 11 月 29 日,https://www.201980.com/yanjiang/qiyejia/2094.html。

"资产者公共领域"（Bourgeois Public Sphere）与"市民社会"等概念用于中国公益领域，因为这预设了一种国家与社会之间的二元对立。正如美国学者黄宗智（Philip C. C. Huang）指出："国家与社会的二元对立是从那种并不适合于中国的近现代西方经验里抽象出来的一种理想构造。我们需要转向采用一种三分的观念，即在国家与社会之间存在着一个第三空间，而国家与社会又都参与其中。"①

浙商参与建构的公民社会并不构成对政府权力的挑战，因为新时代浙商参与公益具有人民公益特质。社会主义社会之公益在道德上比资本主义社会更高级，主要是因为平民阶层能够在此"真正的共同体"中，通过扬弃私有财产以合乎正义的方式取得"非道德物品"。而只有在实现了制度变革的"自由人联合体"中，这些"非道德物品"的分配才不再是抽象的、超验的，而是经验的、现实的有效机制。马克思在《论犹太人问题》中提出了实现"人的解放"的制度条件："只有当现实的个人把抽象的公民复归于自身，并且作为个人，在自己的经验生活、自己的个体劳动、自己的个体关系中间，成为类存在物的时候；只有当人认识到自身'固有的力量'是社会力量，并把这种力量组织起来因而不再把社会力量以政治力量的形式同自身分离的时候，只有到了那个时候，人的解放才能完成。"②在此意义上，浙商参与公益是浙商作为公民、中国公民作为人民在现实参与中感受到社会力量的运用，从而获得切己的获得感。

浙商参与公益是符合社会主义生产关系的交往形式。马克思主义把由生产方式决定的交往形式（即各个不同历史阶段上的市民社会），理解为整个历史的基础。马克思在《致帕维尔·瓦西里耶维奇·安年科夫》的书信（1846年12月28日）中借着批评蒲鲁东讲道："人们永远不会放弃他们已经获得的东西，然而这并不是说，他们永远不会放弃他们在其中获得一定生产力的那种

---

① 黄宗智:《中国的"公共领域"与"市民社会"》,邓正来、[美]杰弗里·亚历山大:《国家与市民社会——一种社会理论的研究路径(增订版)》,上海人民出版社2006年版,第406页。

② 中共中央马克思恩格斯列宁斯大林著作编译局:《马克思恩格斯文集》(第1卷),人民出版社2009年版,第46页。

社会形式。 恰恰相反。 为了不致丧失已经取得的成果，为了不致失掉文明的果实，人们在他们的交往方式（Commerce）不再适合于既得的生产力时，就不得不改变他们继承下来的一切社会形式。 ——我在这里使用'Commerce'一词是就它的最广泛的意义而言，就像在德文中使用'Verkehr'一词那样。"①浙商参与公益中的"交往"观根植于历史唯物主义。 交往在历史进程中不断绽开其维度：既不放弃合理所得，也不被迫放弃所给，亦即主动改变自己获得东西的方式及交往关系。

浙商参与公益为在"真正的共同体"中追寻美德指明了出路。 美国伦理学家麦金太尔认为，任何道德观念、道德原则和道德规范，都是由传统构成的（Tradition-Constituted）；任何个体选择及其意义，在特定的"文化图式"或"历史背景"中才能得到更好地理解。 在资本主义社会，资本运作所标识的是一种离散式的、个体通过互惠计算而形成的共同体。 这种共同体打破了传统美德伦理思想中的那种与"我"内在一致的共同体，从而构建起"外在利益关系"而非"内在自然关系"。 浙商参与公益，具有指涉"内在自然关系"的端倪。 这种关系当然不同于"外在利益关系"，也不同于"血缘自然关系"，而是指"我"与共同体的内在一致性、"公益"与"个体善"的内在一致性。此种"善"是个体善、公益与生活善的统一，是内在善、生活善、公益第一的统一。 "真正的共同体"即自由人的联合体，必须通过共产主义运动才能组建。 如此，中国特色社会主义制度背景下的浙商参与公益，勾画了从"个体善"向"公益"的演进脉络，指明了组建"真正的共同体"的实践路径。

案例　因善而来　因善而聚

浙商总会公益慈善事业委员会在各领域公益慈善的成效接连不断。浙江的利群阳光助学行动，17 年来累计帮助了两万余名寒门学子。海亮集团提倡"善业即事业，善业与事业相结合"，开展"雏鹰高飞"培养工程，另给大学捐款过亿元，以培养医学人才。吉利集团投入公益慈善数亿元，并启动"吉时雨"精准

---

① 中共中央马克思恩格斯列宁斯大林著作编译局：《马克思恩格斯文集》（第 10 卷），人民出版社 2009 年版，第 43—44 页。

扶贫项目,在全国11个县区23个村启动了15个农特产扶贫项目,涵盖教育扶贫、就业扶贫、产业扶贫领域,探索"政府搭台＋企业出资＋社会组织执行"等社会扶贫新模式。华立集团成立绿色共享教育基金会,在助学、提高乡村教师技能、环保等领域耕耘11年。连连集团资助"微笑列车"项目,并参与"希望之履"项目。九阳股份已在全国各地山区小学建起800多间"希望厨房"。杭州市温州商会发起"聪慧行动",帮助贫困重度听障儿童少年免费植入人工耳蜗。中新力合在深圳设立白血病救助基金,成立社区渗透式公益驿站,投身乡村儿童公益活动。浙江蒙粮从国外回归浙江,在国外国内都用公益慈善展现浙商担当。纵横通信设立爱心基金会,关心帮助困难员工。讯丰科技、正高国际等浙商创建"广西芳草地贫困儿童助学服务中心",深入各国家级贫困县、贫困山区进行精准扶贫。都市快报成立"快公益",从公益慈善的观察者、传播者,变成公益慈善的践行者、引领者。

　　讯丰科技、正高国际等浙商创建"广西芳草地贫困儿童助学服务中心",先后启动了"凤凰涅槃公益计划""芳草地公益春芽助学计划""大瑶山爱心志愿者公益计划"等公益项目。其中,"芳草地公益春芽助学计划"于2017年8月启动,面向贫困山区建档立卡贫困户贫困学生,精准扶贫、公益助学,芳草地公益志愿者在部分地市县区团委的协助下,深入贫困山区,调研、走访,短短半年,已累计发放春芽助学金200多人次。"凤凰涅槃公益计划"面向全国,帮助偏远落后地区无法实现脱贫的孤贫特殊儿童转换环境,以师承体系教育方式,送往北京委托培养,培养孤贫儿童自强不息、自力更生的能力。每年从全国各地选送委托培养三四十名孤贫儿童。广西目前已选送了7名特殊孤贫儿童在北京凤凰太极公益书院委托培养。"大瑶山爱心志愿者公益计划"在组建大瑶山爱心协会的基础上,目前累计发展公益志愿者600余名,足迹遍布大瑶山山区各个乡镇、村寨。在敬老、关爱留守儿童、助学、扶贫、保护野生濒危动植物等方面开展公益慈善活动,惠济近万建档立卡贫困户。该服务中心理事长费罡倡导无边界的公益理念,"汇聚八方爱、芳草碧连天"。他表示在2018年,将继续积极组织浙商依法、有序参与社会公益活动,突破边界,实现跨区域、跨企业,携手举办公益活动,希望通过多方力量,推进无边界公益慈善事业,影响和带动更多爱心人士,共同分享快乐公益。

众人拾柴火焰高。浙商总会公益慈善事业委员会全体成员将更积极地引导浙商投身公益慈善，面向未来，在以精准扶贫、教育助学、关爱青少年儿童等为重点的公益活动中，总结并推广更多可复制的公益模式，汇集更多浙商爱心，在慈善公益事业实现浙商留芳。①

通过上述案例可以发现，新时代浙商参与公益更加强调自觉地结成命运共同体，参与公益的经济成分更少、道德因素更多，可谓"因善而来、因善而聚"。

总体来看，在当今时代，浙商参与公益已经由自发变为自觉，在全国民营企业里比较突出。当然，目前浙商做善事还是以助学形式为主，其次是扶贫济困，帮助弱势群体。中国特色社会主义新时代的重要特质之一，是从传统共同体中剥茧而出一种多重因子综汇熔铸的新型共同体。新时代浙商参与公益，应在具有制度化的决策程序中，参与社会治理、做出理性思考及达成利益共识，进而在"企业—社群—政府"共同体建构中促进共同福祉的获得。当此之世，浙商参与公益需要更具中国特色社会主义新时代特色，在"三个领域"的合作共享中呈现出企业主体与政府主体、社会主体的和合建构。

2.3　浙商参与公益 40 年的时代展开

研究发现，改革开放 40 年来浙商参与公益有其基本特质。这些基本特质作为"底色"或"母体"相互勾连、相互映衬，决定浙商参与公益的其他特质。概言之，浙商参与公益的 40 年是唯物辩证地向前发展，是历史唯物地次序传递，亦是呼应时代的实践创造。

2.3.1　唯物辩证地向前发展

"辩证法是马克思主义的活的灵魂。"②作为一种方法，辩证法的发明对

---

① 百家号：《关注弱势群体 弘扬公益慈善 践行浙商留芳》，百度网，2018 年 4 月 2 日，https://baijiahao.baidu.com/s? id=1596605101665294454&wfr=spider&for=pc。

② 孙正聿：《马克思主义辩证法研究》，北京师范大学出版社 2012 年版，第 1 页。

于用范畴把握事物具有重要意义。 人要想表达感觉，就需要用超感性概念去规定具体事物。 如果我们还想用这些概念表达客观存在，那么就必须克服各种概念之间的差异和对立，用辩证的理性范畴去把握感性世界，这就是辩证的方法。 有学者指出："辩证法的实质乃是如何将诸范畴或'相'结合起来以说明具体事物的方式或逻各斯……当我们说'相'或范畴的结合构成个别事物时，便必须说明这些'相'或范畴是如何结合在一起的，如何构成了具体的感性事物的。 这便需要一种将诸'相'结合在一起的艺术即辩证法。"①

辩证法也是浙商参与公益的"活的灵魂"。 如果说辩证法是一种建立在通晓思维的历史和成就的基础上的理论思维，那么通过研究揭示出浙商参与公益的辩证特征，也必须建立在浙商参与公益的发展史和成就的基础上。 而正是依靠唯物辩证法对浙商参与公益进行具有历史融贯性的解读，我们才能揭示出浙商参与公益克服两极对立的思维方式，从而扬弃"理性主义—非理性主义""义务论—功利论""契约论—德性论"及"个人主义—共同体主义"等二元对立。

从辩证法思维来分析，毋庸讳言，在改革开放以来的辩证发展过程中，浙商由小到大、由弱到强，渐趋形成了"资本的力量"。 然而，这并非是一种可怕的力量。 马克思、恩格斯在《共产党宣言》中指出，资本表面上是资本家的个人力量，实则蕴含着社会力量的辩证关系，并进而指出："把资本变为公共的、属于社会全体成员的财产，这并不是把个人财产变为社会财产。 这里所改变的只是财产的社会性质。 它将失掉它的阶级性质。"②

案例　集浙商之力谋经济转型

被誉为区域产融航母的浙江民营企业联合投资股份有限公司（以下简称"浙民投"）2015 年 4 月 7 日终于启航。当日浙民投在浙江杭州召开创立大会暨第一次股东大会，这标志着浙江省最大的民营投资公司正式投入运营。

---

① 王南湜：《追寻哲学的精神：走向实践哲学之路》，北京师范大学出版社 2006 年版，第 127 页。

② 中共中央马克思恩格斯列宁斯大林著作编译局：《马克思恩格斯文集》（第 2 卷），人民出版社 2009 年版，第 46 页。

浙民投出身不凡,是由浙江省8家大型民营龙头企业和国内最大的基金公司之一工银瑞信共同发起成立的。从董事会及高管名单中可以看出,浙民投汇集了一批优秀企业家和金融投资专家,其中浙江省工商联主席、正泰集团董事长南存辉担任董事长,原国泰君安证券副董事长、总裁陈耿出任总裁。2014年11月,经浙江省政府同意,在省金融办的指导下,省工商联、省工行、正泰集团等成立筹建组,正式启动浙民投筹建工作。2015年3月,签署发起人协议,其成为浙江省首家"浙字号"民营大型投资公司。

"集浙商之力、助浙江发展、促经济转型"成为浙民投的经营宗旨。浙江是民营经济大省,民营经济发达是浙江经济的显著特征和突出优势。南存辉说,当前浙江省民营经济在转型发展过程中遇到很多问题,如投资行为分散,所需资金来源以自筹资金和银行贷款为主,资本实力也较弱,导致在开展并购重组谈判活动中它们处于较被动的地位等,故成立了浙民投,以期加快推动民营企业的转型升级。对比其他的产融平台公司,南存辉用了一个公式来体现浙民投的优势:效益＝资金＋信息＋平台。他表示,所谓的资金优势是集聚产业资本与金融资源,提高财务杠杆,增加企业股权投资的资金来源;信息优势是集合产业精英与银行、投行等的专业人士;平台优势是增强企业在并购重组、国企混改谈判中的话语权。

南存辉透露,浙民投首期实缴注册资本为50亿元,计划在未来几年内分期增资,逐步增资到300亿元。他认为,浙民投的特点突出表现在"三聚一新"。"三聚"指的是聚合了浙江省优质民营龙头企业的有生力量,聚合了产业资本、金融资本和政府资源的有效要素,聚合了以政策导向、市场化经营、实业为主的经营思路。"一新"是指商业模式创新。

据介绍,浙民投定位于浙江,通过支持企业兼并重组和产业链整合、直接参与国有企业混合所有制改造、培养战略性新兴产业中小企业、与国内外著名投资机构合作等方式做大做强公司规模。实际运作时,将采用"项目＋母基金"的模式,根据不同行业设立不同的开放式专项子基金,带动民营企业投资和撬动金融机构投资。

在上述案例中,浙商已经超越了个体单打独斗的发展阈限。 "集浙商之力、助浙江发展、促经济转型"，表达出浙商群体意识的觉醒及对社会公益的自觉投入。

通过上述案例也可以洞见，在浙商参与公益 40 年的历史过程中，在以公有制为主体的社会主义制度环境下，浙商逐渐自觉地把"个人的资本"当成乃至变成"社会的资本"，从而实现了对私营资本的辨证扬弃，浙商的事业从而也内在地成为公益事业。

2.3.2　历史唯物地次序传递

唯物辩证法的根本在于历史唯物主义，历史唯物主义是唯物辩证法的母体。历史唯物主义有两种不同的概念：一种是狭义的历史唯物主义，是辩证唯物主义在社会历史领域的推广（"推广论"）；另一种是广义的历史唯物主义，即历史唯物主义所研究的社会不是一个局部性概念，不是自然之外的另一个应用性领域，而是一个全局性概念。

习近平总书记多次强调了历史唯物主义的重要性。他从大历史观战略全局强调指出："在革命、建设、改革各个历史时期，我们党运用历史唯物主义，系统、具体、历史地分析中国社会运动及其发展规律，在认识世界和改造世界过程中不断把握规律、积极运用规律，推动党和人民事业取得了一个又一个胜利。历史和现实都表明，只有坚持历史唯物主义，我们才能不断把对中国特色社会主义规律的认识提高到新的水平，不断开辟当代中国马克思主义发展新境界。"[①]

马克思、恩格斯在《德意志意识形态》一书中，将历史唯物主义方法阐述为："从直接生活的物质生产出发来考察现实的生产过程，并把与该生产方式相联系的、它所产生的交往形式，即各个不同阶段上的市民社会，理解为整个历史的基础；然后必须在国家生活的范围内描述市民社会的活动，同时从市民社会出发来阐明各种不同的理论产物和意识形态，如宗教、哲学、道德等，并在这个基础上追溯它们产生的过程。这样做当然就能够完整地描述全部过程

---

① 习近平：《推动全党学习和掌握历史唯物主义》，新华网，2013 年 12 月 4 日，http://news. xinhuanet. com/politics/2013-12/04/c_118421164. htm。

（因而也就能够描述这个过程的各个不同方面之间的相互作用）了。"[1]在上述推理的环节中,生产方式具有历史与逻辑的先在性。 于是,对生产方式的理解成了关键。 根据以往的理解方式,生产方式就是物质生产方式,与对人的理解隔离了。 西方分析马克思主义学者杰拉德·科恩为我们提供了理解生产方式的重要视角,从而将历史唯物主义与对人的理解联系起来。 他认为,生产力的发展始终与人自身能力的发展保持一致:生产力的提高实际上就是人的劳动能力的提高,随之人类个体的自由活动将达到一个前所未有的高度。科恩的"功能性解释"为我们理解历史唯物主义开创了一条全新的道路:生产力不是一种外在于人的某种力量,而是改善人类生存境遇的内在支撑。

历史唯物主义中包含着辩证唯物主义视角,将历史的发展看作辩证地"扬弃"的实践活动。 在此意义上,坚持用历史唯物主义考察当代中国民营经济的发展,就应将"资本承认"与"资本批判"相结合。 正如马克思所指出的,资本不是一种"个人力量",而是一种"社会力量"——"做一个资本家,这就是说,他在生产中不仅占有一种纯粹个人的地位,而且占有一种社会的地位。 资本是集体的产物,它只有通过社会许多成员的共同活动,而且归根到底只有通过社会全体成员的共同活动,才能运动起来。"[2]以历史唯物主义的视角挖掘浙商参与公益的深层次根基,乃是浙商自觉不自觉地在特定的历史阶段创生着社会关系,并在改变自身地位的同时重塑企业形象与社会地位。

案例 "富二代"变"负二代"

李书通是他父亲,李书福是他伯伯,出生于 1990 年的李威和他的父辈一样低调。在台州,李书福吉利工厂的隔壁,就是李威家占地上千亩的巨科铝业集团。而上海市中心的一座写字楼,第 24 层,也是李家买下的,成为李威的上班地点。

房间里堆得最多的是一些大大小小的箱子,铝镁合金的材料,打着 GKO 的标牌,这是他目前负责运营的公司。"卖箱子,这一年我卖了几万只了,你知道

---

① 中共中央马克思恩格斯列宁斯大林著作编译局:《马克思恩格斯文集》(第 1 卷),人民出版社 2009 年版,第 544 页。

② 中共中央马克思恩格斯列宁斯大林著作编译局:《马克思恩格斯文集》(第 2 卷),人民出版社 2009 年版,第 46 页。

我怎么卖出去的吗？"他这样苦笑着说。……他的生活健康而单调，于是，他也感慨，这么多钱有什么用？周末，他经常会一个人在办公室里泡茶，喝茶，抽烟。他还是单身，虽然来介绍的很多，他只相过两次亲。"想找个能持家的。"在风云际会的上海滩，这些就是李家公子低调简单的生活日常。李威笑着说，自己已经不是富二代，而是负二代，"负数的负，负责的负"。在这层高档写字楼里，李威的姐姐李晨怡和普通员工一样，并没有自己的办公室，她在一格格的桌子前上班。和弟弟不同，李晨怡留学回来后，一直在父亲的公司任职，她从最基层的一名销售员做起，一直做到了管理层。除了应酬，几乎每天他们都在写字楼里叫麦当劳的外卖，经常加班到晚上，中午也不休息。

这几个月，他们深深感受到了创办一个企业的艰辛。他们的父亲李书通——巨科铝业的创始人、董事长，昔日吉利集团的总裁，创办了中国最庞大的铝业王国。7年前，李书通决定用铝做箱子，经过多年研发，一个名叫GKO的箱子新鲜出炉，这对于拥有铝金属研究院的巨科来说，也没那么简单。李威和李晨怡姐弟俩就开始经营这家全新的箱包公司。李威负责销售，他自己就是一名最大的销售员，开着车跑大客户。

他们的梦想是，打造一个民族品牌。"铝是一种环保材料，可以持续利用，所以，我觉得这是一件公益的事，值得做。"李晨怡说，这也是父亲的初衷。[①]

历史唯物主义不是见"物"不见"人"的主义，而是通过"物"（生产力）阐明人与人之间关系的主义。通过上述案例，可以启发我们对当今"富二代"现象做出公允的评价。"富二代"是一种社会存在，并且这种社会存在不以"富一代""富二代"自身的意志为转移。问题的关键是，"富二代"不应成为"富不过三代"的中间环节，更不能成为"坑爹"的一代。破解此种"两难"问题的关键，就是由"富二代"变为"负二代"。"负"是负责的"负"，只有肩负起责任，自觉将私营企业的资本视为社会的资本，并将社会的资本增值，进而通过参与公益转化为人民的资本，企业的发展才能焕发新的生机。

---

① 史春波：《浙商接班者李书福侄子：富二代变负二代》，钱江晚报，2017年8月16日，http://zj.qq.com/a/20170816/033455.htm。

浙商在早期固然有"资本积累",并且也有特定历史背景下的"投机倒把",但是正如某些国内学者所指出的,"没有资本,没有资本与劳动之间的雇佣关系,也就没有现代社会"①。因此,问题的关键不在于是否有资本,而在于如何运用资本。事实表明,浙商参与公益体现出鲜明的主体性、现代性与普惠性。浙商所创造的资本及其在公益领域的运用,助推着改革开放以来的中国从传统到现代社会的转型。作如是观,改革开放 40 年来浙商参与公益蕴含着深刻的伦理关切。浙商绝非道德中立的"冷冰冰"的生意人,而是"经济人"与"道德人"的结合。此种参与公益实践所产生的力量,历史唯物地次序传递、代代相传。

2.3.3 呼应时代的实践创造

历史唯物主义不是严格意义上的"实验科学",而是真理意义上的"实践科学"。把唯物史观看作辩证唯物主义在社会历史领域的推广和应用的观点是谓"小唯物史观",实践唯物主义是"大唯物史观":前者以"物"为中心,强调客观必然性;后者以"人"为中心,强调人的需要、需求和主体性。实践唯物主义将自然界、人类社会和人自身视为一个整体,认为它们都是人类自己实践活动的产物。在此意义上,人既是剧中人,又是剧作者。正如有的学者指出:"仅仅承认'环境创造人'是旧唯物主义的观点;主张'人创造环境'同时认为被人创造的环境反过来也创造人,是马克思、恩格斯的实践唯物主义观点。人和人的关系,包括伦理道德关系,归根到底是人创造的。"②

实践唯物主义乃是把握浙商参与公益 40 年的理论根基。改革开放 40 年,浙商既是新生产力的"剧中人",又是"剧作者"。马克思指出:"随着新生产力的获得,人们改变自己的生产方式,随着生产方式即谋生的方式的改变,人们也就会改变自己的一切社会关系。"③在改革开放以来突出生产力决定作用的历史与时代背景下,浙商实践活动不仅生产出新的生活资料亦即物

---

① 孙承叔:《资本与社会和谐》,重庆出版社 2008 年版,第 14 页。
② 安启念:《马克思恩格斯伦理思想研究》,武汉大学出版社 2010 年版,第 83 页。
③ 中共中央马克思恩格斯列宁斯大林著作编译局:《马克思恩格斯文集》(第 1 卷),人民出版社 2009 年版,第 602 页。

质产品，也生产出新的人与人之间的关系，并且在改革开放 40 年中不断地进行良性社会关系的构建。

改革开放 40 年来，浙商实践不仅创造出满足人民群众对美好生活向往所需要的物质产品，也通过参与公益实践而实现着自为的目的，因而具有"生存论意义"。浙商通过参与公益实践，从创造的商业价值中提升出人的内在价值。由此证明如下真理性判断："实践在本质上不是人的生存工具，而是人的自为的生存活动本身。实践活动作为人的自为的生存，对于人的生命本身来说，具有内在目的论和价值论的意义。"①

案例　拓路的先行者、创新的实践者、开放的合作者、成果的收获者

吉利集团与马来西亚 DRB-HICOM 集团签署最终协议，收购 DRB-HICOM 旗下宝腾汽车 49.9％的股份及英国豪华跑车品牌路特斯 51％的股份，并最终取得宝腾旗下老牌英国跑车制造商莲花的控股权。董事长李书福表示，这一重大海外收购项目，将为吉利进军东南亚市场带来产业协同的基础，从而进一步完善吉利的全球化布局。

吉利集团只是众多浙江企业立足国内，放眼全球，加速海外拓展步伐，抢抓"一带一路"发展机遇的一个缩影。自 2013 年，中国向世界发出共建"丝绸之路经济带"和"21 世纪海上丝绸之路"的重大倡议以来，800 万血液中融入了开放基因的浙商，在"一带一路"倡议这个"筑梦空间"里，凭借干在实处、走在前列、勇立潮头的精气神，全面参与"一带一路"建设，开辟出开放发展的新空间。

"在新时代，浙商要继续扮演好时代的弄潮儿，在保持本色的同时，还要以更开阔的视野、更宏大的格局，胸怀天下、放眼全球，敞开怀抱、海纳百川，在整合资源中携手共进，在竞争合作中做强做优。"正泰集团董事长南存辉对此深有体会。近年来，正泰紧抓"一带一路"机遇，积极推进国际产能和装备制造的合作。在西班牙，正泰通过入股当地知名石墨烯公司，掌握了石墨烯储能产品研发的核心技术；在德国，正泰收购了当地最大光伏企业在法兰克福（奥登）的组件工厂，实现了与德国工业制造4.0的对接，获得了高度自动化的生产线、先进

---

① 庞立生：《理性的生存论意蕴》，中国社会科学出版社 2009 年版，第 156 页。

的实验室测试设备和运作经验；眼下，正泰又陆续在马来西亚、泰国等地投资建厂，逐步推动光伏组件生产的全球布局。目前，正泰已在全球建成并网运营的200多座地面光伏电站，总装机容量达 3.5GW。高低压电气产品销往 130 多个国家和地区，成为同行业在海外市场覆盖面最广、国际化程度最高的企业之一。

从理念到蓝图，从现实到未来。4 年来，"一带一路"沿线上的浙江企业，成为拓路的先行者、创新的实践者、开放的合作者、成果的收获者。①

在上述案例中，浙商不仅是理性的投资主体，也是怀有深厚民族情感的道德主体。由是，参与公益者成为"拓路的先行者、创新的实践者、开放的合作者和成果的收获者"，同时也是葆有民族复兴终极关怀的践行者。

由上可见，浙商参与公益突出地体现出人民群众劳动实践的"革命"意义。浙商群体在自觉认识到感性权力关系的基础上，通过实践改变现存生产关系。他们当然也关注企业成长，但也注重德性养成；他们当然追求利润最大化，但也通过辛勤劳动和参与公益去改变他人命运和维护国家利益。正如有的学者指出："生产力发展的根本动力是由人的需要引起的并能解决矛盾的劳动。劳动具有目的性、物质性与创造性等特征。劳动在生产力中的地位，是由劳动的特征所决定的。"②如是浙商参与公益 40 年行为，可谓通过劳动实践不断改善命运共同体的生存境遇，从而推动社会历史前进的深刻实践。

---

① 《世界浙商大会的两张获奖榜单 原来都有这些共同点》，新蓝网，2017 年 12 月 1 日，http://n.cztv.com/news/1275015.html。

② 刘同舫：《生产力发展的根本动力究竟是什么》，《唯实》2003 年第 12 期，第 13—15 页。

3

浙商参与公益发生论

作为浙商参与公益 40 年研究的初始展开阶段，本章用理性主义与非理性主义这一对范畴分析浙商参与公益的伦理意蕴。 理性主义是用范畴描述或规定世界，非理性主义则试图祛除理性范畴的遮蔽，回到人本身，回归生活世界。 浙商参与公益 40 年既依循了理性路线，又具有深切的情感根基。 在浙商参与公益 40 年的时光流转中，在人、事、物等勾连的活生生的关系中，在制度与权力的架构中，浙商将理性与非理性的方法融合在一起对"善"做出决断。 在向幸福进发的生命历程中，浙商做出理性筹划。 然而，成长与烦恼、成就与失意、成功与失败、收获与辛劳，同属于一个生动的浙商矛盾统一体中。 因此，将浙商参与公益置诸改革开放 40 年历史视野中进行考察，可以洞见诉诸情理交融的实践试图在总体上改善命运的浙商公益发生论。

3.1 理性是浙商参与公益的底色

所谓"理性"（Reason），是人探求真理（必然性、客观性、普遍性）的心智能力，是生成概念、做出判断、进行推理及构建规则的能力。 西方理性主义（Rationalism）建立在承认人的推理可以作为知识来源的理论基础之上。浙商的理性主义精神与浙学的"事功学派"一脉相承，同时也与改革开放对思想僵化和迷信盛行的破除相呼应，从而恢复了人之为人的认识论。 研究发现，浙商参与公益不能归结为西方式理性主义，但其中蕴含着可以通约的理性精神：如恢复理性的权威，进而以理性建构现实；以现实为关注焦点，以理性确立公益的主体性等。

3.1.1 破除对权威教条的盲目服从

在某种意义上讲，改革开放"改革"了旧教条，"开放"了新观念。 1978年 12 月 13 日，邓小平在中央工作会议上做了题为"解放思想，实事求是，团结一致向前看"的重要讲话，指出："一个党，一个国家，一个民族，如果一切从本本出发，思想僵化，迷信盛行，那它就不能前进，它的生机就停止了，就要亡党亡国。"①在一定意义上讲，"解放思想"，就是要破除人们盲目地服从超伦理的和超自然的权威；"实事求是"，就是服从理性的权威，为了实现人的"类自由"而服从"自然法"。

改革开放 40 年来，正是因为人们在道德观念领域破除了对权威教条的盲目服从，中国经济才出现了惊人的增长。 然而有一段时期，在一些区域，经济增长模式主要靠政绩驱动、官员主导、投资带动，其实是一种寻找权威庇护的"寻租经济"。 在这样的政商环境中，"红顶商人"多而真正的企业家少。

然而在浙江，正如有些学者指出的，"驱动经济增长的是经济学教科书上所列的那些正宗因素：企业家精神，知识的增长与传播，分工的细化、深化"②。 值得一提的是，浙商参与公益以人为本位去理性地思考问题，这里的人是"人人"。 在调研访谈中，一位几乎没读过一天书的温州农民，说过这么一段耐人寻味的话："我们这一代人赶上了创造财富的大好时机。 而我的前辈没有这样的机会，我的子孙们也不可能再有这么好的机会（因为那个时候，财富的增长将是缓慢而有序的）。 如果我的手上不能完成创造和积累财富的使命，我上对不起列祖列宗，下对不起子孙后代。"这位温州农民从沿街

---

① 中共中央文献编辑委员会：《邓小平文选》(1975—1982 年)，人民出版社 1983 年版，第 133 页。

② 黄永军：《浙商商道》，中国戏剧出版社 2007 年版，第 22 页。

叫卖虾浆开始,一步步发展到现在,在欧洲开了多家超市,成为一个大富翁。浙商大多已经达到了财富的第一个境界——"贫穷不是社会主义"。 这是广大浙商发自内心的感受,也是他们能够理直气壮地追求财富、创造财富的力量之源。 试看下面的"浙商 22 条军规"①——

案例 "浙商 22 条军规"(节选)

第一,坚持看 CCTV-1 新闻联播。要想把握经济命脉,必须关注政局,新闻联播着实为中国商人的最佳晴雨表。

第二,不要轻易相信合约或合同。哪怕合约让你的律师看过了,公证处公证了都不要轻易相信,甚至当你的客户把钱已经汇入你指定的账户以后你都必须确认。

第三,你自己必须守信,一诺千金。若想一直做个商人,那么你必须树立自己的信誉。

第四,对不守信的人例外,不要给对方机会以谎言解释谎言。

第五,你能赢得起但你可能输不起的生意最好不做。在做任何生意以前,你都必须考虑清楚,你是否输得起,输不起的事情最好别做。

第六,不要先期投入太多,给自己留够底牌。不到最后关键时刻,最好不要亮出你手里最有分量的牌,最后的赢家才是真正的赢家。

第七,天下无事不可为,但商人有所为也有所不为。不要因为利润少而不做,也不要因为风险小就去做。

第八,慎重选择合作伙伴,亲密战友是一定要慎重、慎重再慎重地选择,慎重是对彼此而言并非只针对单方。

---

① 《第二十二条军规》是美国作家约瑟夫·海勒创作的长篇小说,该小说以第二次世界大战为背景,通过对驻扎在地中海的一个名叫皮亚诺扎岛(此岛为作者所虚构)上的美国空军飞行大队所发生的一系列事件的描写,揭示了一个非理性的、无秩序的、梦魇似的荒诞世界。在该小说中,根据"第二十二条军规"理论,只有疯子才能获准免于飞行,但必须由本人提出申请。但你一旦提出申请,恰好证明你是一个正常人,还是在劫难逃。第二十二条军规还规定,飞行员飞满 25 架次就能回国。但规定又强调,你必须绝对服从命令,要不就不能回国。因此,上级可以不断给飞行员增加飞行次数,而你不得违抗。如此反复,永无休止。

《第二十二条军规》揭示了美国社会对传统道德的背弃。(资料引自"百度百科")

第九,不要在你的团队里有你家庭成员的影子。因为以你为核心之一的团队接受的是你,而不是你的家庭成员。

……

第十四,不要摆大,哪怕你真的是老大。天外有天,不要在任何场合摆大,哪怕你真的很大。

第十五,保持中立,不要卷入政治派系纷争中。事实证明,把商业利益的希望寄托在派系纷争的任何一方,都是危险而且不明智的,在派系纷争之间,你必须冷静地保持中立。

第十六,不要太在乎金钱与利益得失。天下自然有的是你赚不完的钱和商业机会,所以在金钱与利益面前大度一些又何妨呢?

……①

客观地说,网帖有哗众取宠之嫌,不值得较真。但值得一提的是,一些浙商承认"浙商 22 条军规"部分属实。与美国作家约瑟夫·海勒《第二十二条军规》中的荒诞悖论不同,"浙商 22 条军规"实则蕴含着理性主义精神:看似有规矩又破除常规,实则含有破除对权威教条(包括"生意经")盲目服从的意味。

无论如何,不论浙商是创造财富还是使用财富,其中一以贯之的理性精神值得关注。尤其难能可贵的是,其中既有如何赚钱的"法宝",又有关于如何花钱的"本体"追问。有一位浙商曾感叹:"生意做到我们这个分上,赚钱不再是件难事,如何花钱,如何把钱花好,倒成了一件不容易的事。也许你不相信,我们是赚钱容易花钱难啊!"他列数的"花钱之难"有:一是钱多了,就不自觉地要去满足个人的许多欲望,其结果往往违背道德良心;二是钱多了,忽然发觉世界上有意义的东西不多了,其结果就是想方设法去糟蹋钱,在这个过程中寻求一种刺激和快感,但这样的刺激和快感并不能给他带来持

---

① 百度百科:"浙商 22 条军规",百度网,2018 年 6 月 1 日,https://baike.baidu.com/item/%E6%B5%99%E5%95%8622%E6%9D%A1%E5%86%9B%E8%A7%84/4002434?fr=aladdin。

久的幸福；三是钱多了，总想使钱增值，但增值过程，也是一个花钱的过程。有了钱后，如何把钱花好，花在正道上？ 如何善待财富，使财富不断升值？这也是有钱人的烦恼，也是浙商需要回应的一个大问题。 改革开放 40 年浙商参与公益，在某种意义上讲就是进行"理性赚钱"与"理性花钱"的实践探寻。

3.1.2　对社会关系进行理性架构

"致善"离不开"求真"，离不开理性对现实伦理关系的致思。 理性指从人的"本根性存在"审视"社会存在"，标识的是理性对于人之为人之意义——"我思"的理性而非感官的感性成为人的内在规定性，人与禽兽于是相区别；"此岸"的理性而非"彼岸"的神性成为人的内在规定性，人类走出"上帝"庇护之下的"臣民"存在状态成为可能。 正如启蒙思想家康德所提出的要敢于动用自己的理智。

理性方法在黑格尔那里是把否定和肯定结合起来的思想方法，即"扬弃"的方法。 用公式表达为扬弃了的私法＝道德，扬弃了的道德＝家庭，扬弃了的家庭＝市民社会（公民社会），扬弃了的市民社会（公民社会）＝国家，扬弃了的国家＝世界历史。 在黑格尔看来，家庭包含着自己的反题，即那些长大成人的个体终将进入诸多个体的关联之中的公民社会。 国家则是家庭和公民社会的合题，它不应是外部强加于个体的权威，而应体现出理性的本质。在黑格尔的伦理思想方法中，表达了"客观精神"的理性运动过程："伦理"—"教化"—"道德"。 也表达了"自由意志"的理性运动过程："抽象法"—"主观道德"—"客观伦理"。

马克思指出，人在创造客观世界的同时也在完善自身的能力，扩大交往的范围，产生新的需要和满足新的需要的方法。 他们生产客观世界实际上也是他们的"自我生产"："在再生产的行为本身中，不但客观条件改变着，……而且生产者也改变着，他炼出新的品质，通过生产而发展和改造着自身，造成新的力量和新的观念，造成新的交往方式，新的需要和新的语言。"①因此，新时代浙商要进一步发展，必须在创造新生产方式中实现"凤凰涅槃"。

部分学者在考察改革开放 40 年浙江地方社会的历史变迁过程中发现，商人群体在其间起到了"第一推动力"的实际功效。学者杨轶清描述的戴"红帽子"和市场主体身份的还原具有典型性。在相当长的历史时期内，存在一种拥有特殊的产权关系的企业形态：由个人实际出资并承担经营风险，但在工商局登记的信息上显示企业性质为集体企业，俗称为戴"红帽子"。名为集体、实属个人私有的假集体，"红帽子"企业是 20 世纪八九十年代企业的普遍特色，因为意识形态和政策管理的原因，戴"红帽子"对私营企业来说，既可免除政府歧视，还能享受到集体企业的某些优惠；对于接受挂靠的部门来说，既有企业户数和产值增长，还有挂靠费用收入。这种产权扭曲的经济现象，通过制度赎买，降低了企业准入的体制成本和所有制风险，客观上成为早期哺育很多浙商的"产房"。

改革开放 40 年来，浙商历经了从戴"红帽子"到去"红帽子"的辩证发展过程。从辩证唯物主义视角来看，浙商参与公益 40 年，也体现出私法、道德、家庭、市民社会、国家等理性元素在历史进程中融贯地发挥的作用。譬如，浙商以个体或群体的理性表达方式，通过持续不辍的非暴力抗争且兼具足够韧劲与政府周旋，以此顽强地表达和追求其自身的利益，最终得以促成与政府的相互妥协。并且，由于中国国家权力的主导地位这一基本制度背景特点，无论政府处于被动还是主动的行为方式下，最终都是经由政府的政策调整或新制度的创设而得到确定，从而促使政府权力与企业权利得以在理性框架下制定。于是，政府（政策）供给已不可能完全是原先"压力型体制"下权力与利益之间的自上而下的单向分配关系，而逐渐转变为政府与民间的上下互动式博弈关系。并且这种互动式博弈的场域随着经济主体的弥散性而得以不断拓展，昭示着社会主义市场经济体制下理性的主体参与在社会领域不断扩展。

---

① 中共中央马克思恩格斯列宁斯大林著作编译局：《马克思恩格斯文集》第 8 卷，人民出版社 2009 年版，第 145 页。

案例　善用政策共赢

"既兴奋,又惭愧。"吉林省抚松县党政义乌考察团成员恋恋不舍地离开义乌,在他们眼里,市场的小商品琳琅满目,很像长白山里价廉物美的人参。"家乡的人参,在浙江人手里准能卖个好价钱。"他们说,义乌之行让他们似乎触摸到了"新浙商"的坐标。

抚松县党政义乌考察团是在浙江人陈俊及一帮义乌商人的策动下开始南下的。陈俊是浙江投资团发起人、北京浙江企业商会副会长。他领着以温州人、台州人、义乌人为主的一群"神秘"浙商来到抚松。这些人普遍三四十岁,短短两天时间,做了三件让当地人震惊的事情。该县境内长白山下有全国最大的人参市场,但一直不温不火,浙江乐清人接盘承包后,几个月时间赚走了5亿元。这群浙商做的第一件事就是在该县一口气"吃"下150亩土地,建立人参深加工工业园区,投资人参深加工产业。此举的动机,陈俊的解释是做人参深加工产品可以获得十几倍,甚至几十倍于原材料的利润,可惜此前都被韩国人赚走了。而且这里得天独厚,有全国水质最好的矿泉水,还可投资生产水饮料。对当地人来说,这些念头想都没想过。

为了找到最佳位置,精明的浙江人只对当地政府推荐的投资地点扫了一眼,就摊开随身携带的地图查找,直到落实交通便捷的园址才罢休。第二件事是,这些浙江人瞄上了这里的旅游资源。理由是此地清朝禁猎260多年,树高林茂,满山是宝。长白山名声赫赫,发展旅游业不需要巨额广告投入。第三件事更令人震撼,这些浙江人又开始像搜寻作战目标般研读地图,然后转道珲春。因为这里与朝鲜、俄罗斯交界,直通日本海,距离韩国道又近,可谓是"鸡鸣闻三国,犬吠惊三疆",是吉林省未来唯一的开关通海区。看准目标后,他们就与当地政府洽谈,建议设立保税区,出台各项投资优惠政策,建立浙江工业园区……①

在上述案例中,浙商对外投资离不开宏观经济政策。但是,浙商并非坐等政策扶持,而是带着市场经济的理性嗅觉主动出击,通过与地方政府建立起

---

① 黄永军:《浙商商道》,中国戏剧出版社2007年版,第135—137页。

良性互动关系，实现双方或多方的利益。

对于民营经济主体而言，要想实现自身发展，没有天然的政策扶持。 但是，改革开放 40 年来，浙商却善加利用政策优势，在促进各地经济发展的过程中，在与各地官员"打交道"的过程中实现自身发展。 由此，公益触及新型政商关系的理性架构。 只有合乎"科学"（理性）的，才是合乎伦理的；而只有合乎人民意志的自觉，才是真的合乎理性；在此意义上讲，浙商参与公益是到经济领域中去寻找开启改善自身及他人境遇之门的"钥匙"。

3.1.3　创造资产后合理使用财富

只有现实的才是合理的，合乎理性意味着拒斥神性。 相关学者实地考察后发现，尽管在一些浙商企业中供奉着神像，但那只是象征而非膜拜。 总体来看，在浙商经世致用的传统中，蕴含着人本主义关怀。 人是万物的尺度，人也是创造"万物"的尺度。 因此，大部分浙商不将幸福寄托在虚幻的彼岸世界，不将未来交给超越时空的"世界深处"，而是在此岸世界的人类社会里去"采摘新鲜的花朵"。 因为他们深知："鲜活的人"胜过"泥塑的神"，真实的"生活世界"胜过虚幻的"神圣世界"，神的"伟力"存在于人类社会之中，人类在历史进程中达至"至善"。

只有合乎社会存在才是真正合理的，理性的衡量标准是社会价值，财富的衡量标准是社会评价。 "百万富翁的财富属于自己，亿万富翁的财富属于社会。"这表明，如果财富仅仅指金钱，意味着金钱代表了企业家的人生价值，那么该财富只能造就"单向度的人"，并不能给企业家真正的快乐。 如今，更多的浙商企业家把承担社会责任当成创造财富必不可少的内容，从而在创造资产后合理使用财富。

案例　把慈善当作后半生的事业

和许多白手起家的浙商一样,汪力成对于个人和企业的成就始终怀有感恩之心。1997 年至 2000 年,华立集团从公有制改制成股份制企业,汪力成也成为最大的个人股东。然而他多次在企业内外公开表示,个人的财富积累并不完全体现个人的价值。他说:"人生的意义在于创造财富,而不是消费财富。我创造的价值,说明我在特定历史条件下自身价值的实现。但是我认为积累的财富不应该是我来占有它和拥有它,最终财富应该回归于这个社会。所以我认为,要有感恩之心。"

对汪力成等许多成功浙商而言,财富仅仅是一个数字而已。汪力成说:"把财富留给谁?我也不可能很奢侈地生活、消费。我只有一个儿子,全留给他,我认为那是害了他。所以我和我儿子从小就交流这方面的观点,他也有同样的想法,除了保持一定生活质量的消费以外,其他全部要捐献出来,回归社会。回归这个社会有很多方法,我的方法,就是后半生要把慈善当成一项事业来做。"

独特的价值观让汪力成对慈善事业有着更深的认识和追求。成立基金会之初,他并没有像其他基金一样以企业甚至个人名字给基金会命名,而是取名"绿色共享"。"这是一个广义的概念,我希望的主题是突出绿色环保,希望这个世界上充满爱、充满和谐。做慈善不是为了给脸上贴金、为了宣传、为了外界的美誉度。我认为我们今天走到这一步,做慈善应该是发自内心的,正确体现财富的价值。"汪力成如此解释。

如今,汪力成的慈善事业不仅放眼全国,启动"万名大学生资助计划",还将目光放在世界其他贫困地区。据悉,华立集团还在非洲肯尼亚内罗毕大学设立华立医药奖学金,资助一批贫困的医学院学生,希望他们学成后改善非洲缺医少药的状态。[①]

在上述案例中,主人公的奉献精神值得敬仰。同时,其中也有理性致思,例如:过度消费是不必要的浪费,把财富全部留给孩子就是贻害后人,从事公益事业不是为了"贴金"而是发自内心,等等。

财富不仅仅是金钱,信誉度、美誉度等精神价值也是财富的重要组成部分。企业信誉度、美誉度提升,财富才会越来越多,企业才会越做越大。更多的浙商开始懂得通过对公益事业、慈善事业的资助来彰显金钱"善"的光辉的一面。这不但从功利的层面,还从道德、伦理的层面诠释了合理使用财富

---

① 浙江在线:《三个浙商的慈善样本解读》,浙商网,2012 年 8 月 21 日,http://biz.zjol.com.cn/05biz/system/2012/08/21/018750585.shtml。

的人生意义与社会价值。

3.2 情感是浙商参与公益的本色

必须要指出的是，情感属于非理性主义（Irrationalism）不是反理性主义（Anti-Rationalism），而是强调人本身具有感觉、情感、意志等要素。 浙商从有血有肉的生命出发，主张解放人的一切感觉和特性，表达出每个人都有追求幸福生活的权利，进而将商业活动引向参与公益的向度。

3.2.1 从有血有肉的"我"出发

马克思主义伦理学从"现实的人及其活动"来考察社会历史及事实。 马克思、恩格斯在《德意志意识形态》一书中，将维持个人的肉体生命作为"第一前提"："全部人类历史的第一个前提无疑是有生命的个人的存在。 因此，第一个需要确认的事实就是这些个人的肉体组织及由此产生的个人对其他自然的关系。"①

改革开放之前，中国人民站起来了，社会主义建设取得了巨大成就；但同时也必须承认，人民群众的生活水平还不高。 改革开放以来，浙商参与到解决吃、喝、住、穿等改善民生问题的领域，对此必须进行高度阐扬。 因为直接的物质的生活资料的生产，构成民族国家的经济基础。

从马克思主义伦理学的角度来说，确立"基本善"的基础是现实生活。从"思辨的王国"回到现实生活，就是从"想象什么"回到"怎样行动"并在一定条件下"必须行动"的问题上来，也就是面向生活世界领域提出问题。马克思、恩格斯在《德意志意识形态》中反复强调："我们首先应当确定一切人类生存的第一个前提，也就是一切历史的第一个前提，这个前提是：人们为了能够'创造历史'，必须能够生活。 但是为了生活，首先就需要吃喝住穿

---

① 中共中央马克思恩格斯列宁斯大林著作编译局：《马克思恩格斯文集》（第 1 卷），人民出版社 2009 年版，第 519 页。

以及其他一些东西。 因此第一个历史活动就是生产满足这些需要的资料，即生产物质生活本身，而且，这是人们从几千年前直到今天单是为了维持生活就必须每日每时从事的历史活动，是一切历史的基本条件。"①这种观点，揭示了为诸多理性思想家所极力掩盖的事实，在整个人类世界历史观上具有重要意义。 这种"新的历史观"即唯物史观，它将历史发展破天荒地第一次置于它的真正基础上。

如果说改革开放之前，中国劳动人民中多少有些"禁欲主义"（这种献身精神支援了国家建设，是永远值得铭记的）；那么改革开放之后，不断提高物质文化生活水平及过上美好生活，成为人民群众的热切期盼。 在这历史的转折点上，浙商有了用武之地，焕发出强大的生机与活力。 他们从"我"，从经验的、有血有肉的个人出发，从感性活动即实践出发，去参与建构合乎人性、合乎人类利益的市场经济体制与制度环境。 正如著名经济学家吴敬琏在2002年于南京举行的世界华商大会上演讲时曾称赞道："浙江是一个具有炽烈企业家精神的地方，浙江商人既聪明又肯吃苦，敢冒风险，敢为人先，最让人佩服。"②

案例 青春，就是要先行一步

我的青春是从大学开始的。1984年，我考入了浙江大学,在那一年,邓小平说"计算机普及要从娃娃抓起"。我说服了父母,选择了那时还没有被国人所知晓的计算机专业。但我并不打算从事计算机开发,我的梦想是成立一家自己的IT企业,打造一个让中国业界都知晓甚至世界闻名的大品牌。

大学毕业后,我进入杭州一家政府机关工作,那两年的工作是非常枯燥的,但内心那股青春的激流从未停止。当时的我又做了一个让家人和朋友十分反对的决定,辞职下海,跟几个同学合伙贷款开了家小电脑公司:浙江大学灵峰科技开发公司。创办公司早期的辛苦只有创业过的人清楚,起早贪黑是不可避免

---

① 中共中央马克思恩格斯列宁斯大林著作编译局:《马克思恩格斯文集》(第1卷),人民出版社2009年版,第531页。

② 吴敬琏:《在2002年世界华商大会上的演讲》,人民网,2002年5月23日,http://www.people.com.cn/GB/jinji/222/6358/。

的,还好我们年轻,勇于去摸索,不久就赚到了我们人生中的第一个 100 万元……

说实话,我从没后悔过我的每一个决定和抉择,做企业决策 99% 是靠直觉的,做出抉择的一刹那,凭的是感性,而不是理性。所以,当你在青春时,不倾听内心的声音,不做一些尝试,把自己限定在框框里,青春就会碌碌无为地结束。在我看来,青春,就是要勇于尝试,先行一步![1]

在上述案例中,浙商为何能够"先行一步"? 在某种意义上就是从有血有肉的"我"出发。 正如案例主人公所言:"做出抉择的一刹那,凭的是感性,而不是理性。"马克思主义经典作家指明:"我们必须从我,从经验的、有血有肉的个人出发……只要'人'不是以经验的人为基础,那么他始终是一个虚幻的形象。"[2]浙商发展理路继承而又超越了传统理性主义,可谓"新型理性主义"。 即以现实的人为实践主体、以人的需要为根本宗旨,从而超越了抽象理性主义的局限性。 在这种"新型理性主义"中,融入了人的"生命""经验""需要""欲求"等命题。

不止于此,众多浙商能够比较协调地从事感性的生产活动,一道创造出"类生命"的生命。 这种连续不断的感性劳动和创造的生命活动,是整个现存感性世界的深刻基础,因此蕴含着公益价值。 因为没有这种生命活动,就没有个体生命的存在,也就没有"类生命"的存在。 无须掩饰,"这种连续不断的感性劳动和创造"本来是为"我"而从事的活动,但在很长一段时间内人们却羞于启齿,不敢从"我"出发。 浙商参与公益恰恰"反其道而行之"。这就用实践深刻揭示出:参与公益不能单纯地"悲天悯人",而必须从经验的、有血有肉的"我"出发。

---

[1] 翁南道:《青春,就是要先行一步》,今日早报,2013 年 5 月 28 日,http://news.ifeng.com/gundong/detail_2013_05/28/25779170_0.shtml。

[2] 中共中央马克思恩格斯列宁斯大林著作编译局:《马克思恩格斯文集》(第 10 卷),人民出版社 2009 年版,第 25 页。

3.2.2　创造物质条件促进公益

物质生产条件决定生活条件进而决定生活方式。马克思、恩格斯在《德意志意识形态》中用历史唯物主义分析道："人们用以生产自己的生活资料的方式，首先取决于他们已有的和需要再生产的生活资料本身的特性。这种生产方式不应当只从它是个人肉体存在的再生产这方面加以考察。更确切地说，它是这些个人的一定的活动方式，是他们表现自己生命的一定方式、他们的一定的生活方式。个人怎样表现自己的生命，他们自己就是怎样。因此，他们是什么样的，这同他们的生产是一致的——既和他们生产什么一致，又和他们怎样生产一致。因而，个人是什么样的，这取决于他们进行生产的物质条件。"①物质生产条件不是"固定资产"与"流动资产"的简单相加，也不单是"不变资本"与"可变资本"的两分。在资本主义制度下，掌控物质条件根本上是掌控私有财产权，以及对特定资源的调动权，从而借助获取的资源支配他人的劳动成果，进而获得支配他人幸福的权力。

社会主义制度必须否定资本主义制度的剥削属性，但同时也应创造物质生活条件改善民生。1987年4月26日，邓小平在接见外宾时指出："搞社会主义，一定要使生产力发达，贫穷不是社会主义。我们坚持社会主义，要建设对资本主义具有优越性的社会主义，首先必须摆脱贫穷。"②在生活当中追求幸福的欲望，不可能光靠观念来满足，很大程度上要靠物质手段来实现。因此，幸福有赖于物质生活条件。改革开放以来，浙商作为私营经济要发展，说白了也是要将幸福掌握在自己手中。但是同时，浙商也是"民营经济"，是老百姓实现自身幸福的经济样态。在此意义上，浙商发展又是服务于劳动人民追求幸福生活的实践活动。因此，浙商参与公益体现出幸福论的方法——反对压抑人的正常欲望的禁欲主义，主张解放人的一切感觉和特性，进而彰显出对劳动人民幸福生活的关切。

---

① 中共中央马克思恩格斯列宁斯大林著作编译局：《马克思恩格斯文集》（第1卷），人民出版社2009年版，第520页。

② 邓小平：《邓小平文选》（第三卷），人民出版社1993年版，第225页。

因此，浙商参与公益，不是从抽象的道德原则出发，而是要面对经验生活本身，并以人的存在本身作为判断价值善恶的基本依据，依循"生活—实践—理论"的思维路径确立"原初善"（Original Good），从而为多数人"享福"打开了闸门。

案例　持续为社会创造财富

娃哈哈和中国扶贫基金会联合启动营养快线筑巢行动，每销售一瓶营养快线，娃哈哈就会捐出一分钱用于贫困地区学校学生的宿舍建设。同时，他们还积极倡导全民公益，把此项公益活动印在营养快线的瓶标上进行广泛宣传，并邀请消费者代表参加筑巢行动公益项目执行的全过程访点工作，希望通过全程透明的公益参与体验，帮助社会建立对公益事业的信任。

娃哈哈董事长宗庆后认为：只有持续地为社会创造财富才是真正的慈善，才是真正有责任的企业。娃哈哈从校办企业起家，25 年来一直对社会公益事业倾尽全力，一直坚持"办企业就是为人民谋利益、回报社会"的理念，积极投身社会公益事业，捐资助学，应对公共危机，赞助文化事业，帮扶弱势群体……"企业生存于社会，应当回报社会；企业家不但要会赚钱，会经营企业，更需要有社会责任感。有良心的财富才有意义。"他说。

教育是强国之本，作为校办企业起家的娃哈哈，一直对教育事业有着深厚的感情。娃哈哈一方面致力于研发和生产帮助小朋友健康成长的产品，另一方面也积极进行各种教育捐赠。同时，娃哈哈也一直致力于为全社会提供健康安全的食品，就目前社会各界普遍关心的食品安全问题，娃哈哈已决定将由宗庆后之女宗馥莉捐资 1 亿元与浙江大学合作设立食品研究院，深入研究食品安全问题，为健全全行业食品安全体系做出贡献。①

通过上述案例可见，浙商虽然"在商言商"，但并没有仅仅以个体快乐的经验感觉作为价值判断的唯一标准。正如案例主人公宗庆后先生所言：

---

① 浙江在线：《三个浙商的慈善样本解读》，浙商网，2012 年 8 月 21 日，http://biz.zjol.com.cn/05biz/system/2012/08/21/018750585.shtml。

"只有持续地为社会创造财富才是真正的慈善，才是真正有责任的企业。"

马克思在《1844 年经济学哲学手稿》（笔记本Ⅲ）中讲道："对私有财产的扬弃，是人的一切感觉和特性的彻底解放，正是因为这些感觉和特性无论在主体上还是在客体上都成为人的。眼睛成为人的眼睛，正像眼睛的对象成为社会的、人的、由人并为了人创造出来的对象一样。因此，感觉在自己的实践中直接成为理论家。"①推而广之，人类社会的发展，就是要不断创造满足每个人"天赋"欲望的物质条件。当某阶级（群体）的地位固化之时，欲望成为固定；当生活条件改善得以满足未能实现的欲望之时，欲望得到发展；当"物质产品极大丰富"之时，"我们的"欲望才能得到充分的满足。在此意义上，浙商创造物质条件，参与公益帮助越来越多人的"天赋"欲望解放，标志着社会关系向着进步方向变革。

3.2.3　对现存关系的感性重构

马克思在《1844 年经济学哲学手稿》（笔记本Ⅲ）中讲道："人作为对象性的、感性的存在物，是一个受动的存在物；因为它感到自己是受动的，所以是一个有激情的存在物。激情、热情是人强烈追求自己的对象的本质力量。人不仅仅是自然存在物，而且是人的自然存在物，就是说，是自为地存在着的存在物，因而是类存在物。"②社会的即是感性的，而感性就是那真正包含历史性的活动，历史是人的感性在其自我异化及其扬弃的活动中生成着现实社会的过程。

在某种程度上，改革开放之前的时代，重"国计"轻"民生"（中华人民共和国成立之后，人民群众生活水平、教育卫生条件等较之成立前大有提高。这里所指的重"国计"轻"民生"，是针对国家战略选择层面而言的）。研究发现，浙商在创业初期之所以举步维艰，根本上是因为在旧的计划经济体制下之权力束缚。尚未改革的权力要以占有物的形式占有社会权力，实际上是人

---

① 中共中央马克思恩格斯列宁斯大林著作编译局：《马克思恩格斯文集》（第 1 卷），人民出版社 2009 年版，第 190 页。

② 中共中央马克思恩格斯列宁斯大林著作编译局：《马克思恩格斯文集》（第 1 卷），人民出版社 2009 年版，第 211 页。

支配人的权力（在此意义上，计划"经济"实则是计划"人"）；从物那里夺取这种社会权力，就是人与人的权力关系之重构。如此考量，改革开放之后兴起的浙商群体，乃是不要做像机器一样的"制造者"，不要做生产交换价值的"劳动者"，不要做被分工的"工作者"，而是要成长为生产社会产品的"创造者"。浙商参与公益，在某种意义上是通过感性对抗重新架构的权力关系，也是以"类"的力量占有社会权力。

案例　血气方刚促改革 抛家舍业为公益

汽车站只有一趟长途汽车。想出一趟远门，真不容易。县里的人想买张车票，也得找熟人，开后门。一张小小的车票，让多少人受了累。顾振华天天看着这样的场面，心里真不是滋味。他当了四年兵，退伍返乡，在 1978 年 5 月分配到乐清车站，当综合统计员，掌握整个车站的计划分配情况、收入情况、运行情况。他深切了解内情，痛感计划经济下的种种弊病。

长期憋在心中的念头，那是运行于地底的地火，终于有一天，火山般地喷发了。1985 年 4 月 11 日，31 岁的顾振华，以年轻人的激情和勇气，写下了一份书面报告：我申请停薪留职 1 年，出卖房屋家产，自筹资金，租购客车 200 个座位，货车 50 吨位，为缓和目前我县交通运输运力不足的矛盾，为本单位的经营管理方式及经济体制改革试点。在停薪留职期间，自愿每月向本单位缴纳管理费 100 元，并提前预付全年总金额 1 200 元。"试点改革"如有成功经验，一概向本单位奉献。因为，我立志为改革开放做点贡献。作为一个肯动脑筋的青年人，我想最大限度地开掘自身的聪明才智，以求一搏，尽情地为"四化"大业多做贡献……

上面的人恼羞成怒，不顾基层党组织的意见，由分公司纪委做出了对顾振华留党察看 1 年的处分决定。改革的代价如此之大！顾振华始料不及。从小在课本上就知道先烈们为了革命抛头颅洒热血，现在是和平年代，不可能把脑袋提在手里走，但投身改革，真的要把公职和党籍提在手里走！顾振华不怕冒风险，但决不认输！那天，由 15 辆汽车组成的车队，浩浩荡荡地开进浙江境内，开到温州乐清的公路上。这一路，轰动了整个温州！顾振华就坐在车上，摇下车窗，让风呼呼作响，那是千军万马的呐喊。他感觉自己正指挥一支部队，杀出重围,杀出一条血路!他进入自筹新建的乐清县汽车运输公司任副经理,通过战友关系,从江西兵工厂租用了 8 辆大客车和 7 辆货运车,连同 10 名驾驶员,把客运和货运同时启动。金华线开通了,杭州线开通了。顾振华跟车卖票,热情招呼乘客,提供便利服务。乘客们上车先坐好,稳稳地掏钱买票,再也不用到那个车站排长队、受训斥、挨粉笔画背了。不断地满足乘客要求,不断地提高服务质量,顾振华做得很自觉。因为他把自己的家产和向亲戚朋友借来的钱,全投进去了,搞不好就成穷光蛋,还欠一屁股债。

改革已经与自家性命紧紧连在一起。顾振华一边处理繁忙的事务,一边向上级部门申诉,向上级党组织申诉。为心中的真理,为自己的命运,不屈不挠。倔强的性格如钢,在烈火的炙烤下,当当作响。他仍然是他,高抬着头,高声说话,东奔西跑,快步如风。终于,正义的裁决来了。1989 年 4 月 3 日,乐清县劳动争议仲裁委员会发出《关于顾振华申诉的函》,称顾振华要求调离全民企业,到县属集体企业工作,符合劳动制度改革的潮流及有关政策规定,应予支持。市汽运分公司墨守成规,滥用职权,其所谓行政除名决定,缺乏事实依据,适用条例不当,违反国务院《企业职工奖惩条例》,应予撤销,恢复顾振华公职……①

在上述案例中,主人公冲破计划经济的束缚并非出于自私的目的,更不是要动摇公有制的经济基础,而是帮助自身及工友改善生存境遇,恰恰折射出公有制的价值追求。正如主人公坦言:"我立志为改革开放做点贡献。作为一个肯动脑筋的青年人,我想最大限度地开掘自身的聪明才智,以求一搏,尽情地为'四化'大业多做贡献……"

正如马克思在《经济学手稿(1857—1858 年)》(笔记本Ⅰ)中针对先进的经济生产方式预想道:"在这里,不存在交换价值的交换中必然产生的分工,而是某种以单个人参与共同消费为结果的劳动组织。"②于是,在生产领域,不是相互竞争的对立,而是使产品成为共同的、一般的产品;在消费领域,不

---

① 袁亚平:《行走天下——浙商新形态》,浙江出版联合集团、浙江文艺出版社 2013 年版,第 89—90 页。

② 中共中央马克思恩格斯列宁斯大林著作编译局:《马克思恩格斯全集》(第 30 卷),人民出版社 1995 年版,第 122 页。

是"交换价值"的交换，而是由共同活动所决定的创造产品的交换。 于是，"生产者"就是"消费者"，同时也是"创造者"——这就是伦理学意义上的"公益"的经济基础（公有制）。 因此，不应将中国私营企业主理解为"资本家"，而是在公有制为主体的制度框架下的"企业家"。 改革开放 40 年来的历史事实表明：众多浙商走出了由"私营"私入"公益"的发展轨迹。

3.3 浙商参与公益发生在扬弃"理性—情感"的历史起点

非理性主义与理性主义走向极端，各有片面性。 改革开放 40 年来，部分浙商个体中也存在着工具理性遮蔽价值理性、物质欲望大于精神追求的现象。然而，正是通过大范围地参与公益，浙商群体表征着从追求物质财富到追求人自身的自由发展上，从动物性的存在转向人的存在，从而摆脱了纯粹地被理性或情感控制的命运，从而具有超拔工具理性的价值理性维度。

3.3.1 浙商扬弃了非理性主义的"不及"

人之为"人"，在基本生存需要满足的前提下应该有更高的价值追求。无论尼采所说的作为"金发野兽"的超人，存在主义者所说的"孤独的个性""无家可归的人""局外人"，在很大程度上都是生物学意义上的人。 新弗洛伊德主义者虽然要比弗洛伊德更多地看到社会因素对人的精神的作用，但他们也没有摆脱把人的本质归结为某种生理本能的局限性。 他们的基本思路，仍然是使社会的东西心理化，使心理的东西生物化，使人的东西自然化。

私营经济不可避免地要遵循经济法则，但也容易滑向动物式的生存方式，沿用动物世界的法则。 然而，生命不等于呼吸，活着不等于生活，不等于为私人而活。 苏格拉底曾言：未经省察的人生没有价值。 他在临死之前说道："如花钱、名誉和养家等，……实际上都是众人的考虑。 他们可以轻易地置人于死地，也可以随随便便地使人复活，只要办得到就干，并不依据道理。而我们则相反，我们是深受道理约束的，一定要像刚才说的那样，慎重考虑我们行事是否正当。"①法国犹太哲学家、伦理学家伊曼努尔·列维纳斯认为，我们应该发出"超越存在"之诘问方能致善——"生存斗争并不能保证我们能以足够的深度来把握存在者和它的存在间的关系。如果根据习惯，在经济时间的层面上来把握这种关系的话，它就表现为一种争取未来的斗争，表现为一个存在者（être）为了延长、维护其未来而产生的操心，表现为已经存在（exister）的存在者（être）为了延长其存在（existence）而斗争，而不是永世不息地出生"②。

以"物"为中介的"个体独立性"社会，就是功利主义得以普遍践行的社会，就是骄奢淫逸等"扭曲的欲望"得以满足的社会。马克思明确反对人向动物的"沦落"："吃、喝、生殖等等，固然也是真正的人的机能。但是，如果加以抽象，使这些机能脱离人的其他活动领域并成为最后的和唯一的终极目的，那它们就是动物的机能。"③为吃、喝、住、穿而进行生存斗争是生产的动力，但却是为"幸福"创造前提而非达至终点。在此意义上，向着幸福的存在是立足存在而又摆脱存在的"出越"。恩格斯将满足吃吃喝喝的情况称之为堕入"新地狱"，并对纵容享乐主义的政府进行抨击："还有另一种更坏的无所作为的福音，它塑造的是无所事事的政府，它使人丧失一切严肃性，迫使他们想去显露并非他们本性的东西——一味追求'幸福'，就是说，追求吃得好，喝得好；它把粗陋的物质捧上宝座，毁掉了一切精神内容。"④

改革开放40年来，人们大大地满足了自身及社会物质生活需要。然而，不得不承认，一些商人在资本的驱动下，欲望变得扭曲——然而却被当事人认为是"正常的""正当的"，因为有自由、有尊严的理性主体隐退了，人在"物化"中"动物化"了。

---

① ［古希腊］柏拉图著，王太庆译：《柏拉图对话集》，商务印书馆2004年版，第59—64页。
② ［法］埃马纽埃尔·列维纳斯著，吴惠仪译：《从存在到存在者》，凤凰出版传媒集团、江苏教育出版社2006年版，第12页。
③ 中共中央马克思恩格斯列宁斯大林著作编译局：《马克思恩格斯文集》（第1卷），人民出版社2009年版，第160页。
④ 中共中央马克思恩格斯列宁斯大林著作编译局：《马克思恩格斯全集》（第3卷），人民出版社2002年版，第505页。

案例(反面) 狂热的集资

1993 年中国人见识了集资的魔力。沈太福向成群结队的中国人宣讲集资的好处,抛出了诱人的陷阱。对金钱的渴望,让人们纷纷跳入集资的旋涡。1993 年 3 月,沈太福的集资超过了 10 亿元,特地举办大型酒会来庆祝……

尽管有沈太福的前车之鉴,之后不断有人被形形色色的沈太福所欺骗。1993 年的中国存在这么一群人:在杭州,有两个大款在众目睽睽之下,比赛烧人民币,每人烧掉 2 000 多元,面不改色;在长春,一个富翁在卡拉 OK 厅宣布包下当晚所有的"点歌费",另一位大亨马上声明买下全市当天所有的鲜花,既然你不让我点歌,我就不让你献花;在北京,一位老板用 2 万元一桌的宴席招待广东老板,竟然遭到奚落,随后广东老板定了 6 万元标准的饭菜回请,北京老板带了一箱钞票来赴宴,当场甩出 35 万元钱说:"今天这桌就照这个数!"1993 年春节时,有富豪用 2 000 元人民币卷成爆竹,点燃爆炸后仰望满天的碎钞票。

当时中国人均生产总值还不到 400 美元,在全世界排名第 96 位。在广大的中西部地区,有 2 700 万农民还在为下一顿饭和一件遮寒的衣服发愁。1993 年 4 月 8 日,中央人民广播电台播出了《拜金主义要不得》。的确,中国还远远没有到可以炫富摆阔的时候。1993 年,中国人在做财富梦,梦想着家财万贯。这样的心理是可以理解的。沈太福这样的人适时出现了,利用了部分中国人对财富过分的痴迷,上演了各式各样的拜金闹剧。[1]

享乐是非理性主义的重要范畴。 然而,问题不在于享乐,而在于谁在享乐? 谁能享乐? 少数人的享乐"不及"多数人的幸福。 必须指出的是,满足生存需要不等于放纵欲望,快乐不同于幸福。 幸福是经过理性审视的快乐,是不满足于外在感受的内在满足感。 经过理性致思的快乐才能化为持久的幸福,盲目、过度、放纵只能带来片面的、短暂的甚至是有害的快乐。 在此意义上,快乐不是人生的终极目的。 快乐并非全部,感官享受不是一切,有关人的事情本身蕴含着"内在价值"(Intrinsic Values)。

---

[1] 张程:《中国脸谱:我们时代的集体记忆》,诺哈网,2015 年 11 月 30 日,https://www.nuoha.com/book/40604/00054.html。

不容否认，浙商曾创造出巨大的物质财富，通过商品交换大大解决了肉体生存问题。而时代的发展，需要从"资本经济学"提升为"价值伦理学"。因此，浙商应加强自我反省与认知。发展起来的浙商不仅应自我享用"奢侈品"，还应在参与公益中让每个人都能消费得起"奢侈品"。在全面建成小康社会及实现现代化的征途中，浙商应从为生存资料而"斗争"变成为发展资料而"斗争"，这样的"斗争"才是其乐无穷的享受。于是，动物感觉提升为人类情感——这种情感不是少数人的专属。因此，浙商参与公益最终应确立的不是"动物学"而是"人类学"。

3.3.2　浙商扬弃了理性主义的"过犹不及"

与马克思主义创始人同时代及之后的一些思想家对理性主义的弊病也进行了深刻剖析。基尔凯郭尔在《在信仰中的存在》一书中提出，"自由是对必然的认识"这一断言，这蕴藏着理性扼杀个性的玄机，终导致不自由。哈耶克指出，理性的未必是自由的，自由的未必是理性的。理性超出了其所运用的限度便会导致"理性恐怖主义"："这个世界上许多最有害的行动的根源，常常不是那些恶人，而是那些品格高尚的理想主义者；更有甚者，即使是全权主义这种野蛮状态的基础，也是由那些高尚且善意的但却从不承认自己酿成的后果的学者奠定的。"①福柯则将受理性主义驱使的人称之为"大写的主体"，这样的主体之"死"是人获得自由的前提。上述种种论点均意在表明：以必然性来规定意志自由意味着以必然性吞噬自由与个性之可能，导致"过犹不及"。理性主义片面强调"人为的"，从而抹杀了"自为的"；片面强调"理性至上"，从而忽视了"感性存在"；片面强调少数人的"理性"，容易造成"沉默的大多数"。

从认识论角度来看，理性主义的缺陷导致方法层面的局限。一方面，真理的发现是无限开放中的可能，在其现实性上，人的理性总是有限的；另一方面，对于人类自身存在的目的王国，理性无法做出终极解释。因此，人只是

---

①　[美]哈耶克著，邓正来译：《法律、立法与自由》（第1卷），中华大百科全书出版社2003年版，第108页。

"理性存在者"（Rational Beings）中间的一类"存在"，而不是唯一的或完全的"理性存在"。如哈耶克所言："人并不具备高度理性和智慧，而不过是十分缺乏理性，又容易犯错误的生物。"①工具理性的泛滥，就是一种理性主义的时代错误。

改革开放 40 年来，由于国家对股票、银行、房地产市场等的放开，一些浙商也参与到资本运作中来，有力地推动着社会主义现代化进程。但同时也不要忘记，马克思、恩格斯早已对现代性进行过"诊断"，其可以概括为商品的神秘化，是现代性诊断的起点；资本的逻辑，是现代性诊断的核心；异化的扬弃，是现代性诊断的出路。马克思、恩格斯无论是对政治经济学的批判，还是对现代社会的考察，都会不约而同地聚焦在"资本"这个现代社会的内在灵魂和核心原则上。换言之，资本乃是解开现代社会秘密的一把"钥匙"。现代性的逻辑某种意义上是"资本的逻辑"，即理性地运用、驾驭资本的逻辑，即资本人格化为资本家的逻辑。理性精神弥漫于现代社会，理性主义的泛滥导致工具理性对价值理性的遮蔽。亦如马克斯·韦伯指出："我们这个时代，因为它所独有的理性化和理智化，最主要的是因为世界已被除魅，它的命运便是，那些终极的、最高贵的价值，已从公共生活中销声匿迹，它们或者遁入神秘生活的超验领域，或者走进了个人之间直接的私人交往的友爱之中。"②

在这样的社会，理性的人在生命时间里的实践过程，就是凭借非理性的"资本"成为"资本家"的过程。在这个过程当中，一些人"成功"了，理所当然地成为"资本家"；相形之下，另一些人则成为"工人"，成为资本增值的工具。同时，由于资本无限度地追逐利润的本性，让资本家像狼一般地贪求财富。于是，每一个人都成了推销员，去扩大产品销路，奔走于各地。而且要取得"成功"，就必须到处落户，到处开发，到处建立联系。

---

① ［美］哈耶克著，邓正来译：《个人主义与经济秩序》，生活·读书·新知三联书店 2003 年版，第 13 页。

② ［德］马克斯·韦伯著，冯克利译：《学术与政治》，生活·读书·新知三联书店 1998 年版，第 48 页。

案例 一个浙江商人的22条商规

第一，《新闻联播》就是"天气预报"。要想把握经济命脉，必须关注政局。

第二，不要迷信合同和承诺。

第三，做一个守信的商人。能够做到的事情你可以承诺，但不要夸大其词。

第四，不做赢得起但输不起的生意。

第五，不到最后不亮底牌。牌局随时会变化，而对方也随时会出新牌。

第六，道义不可违。不要因为利润少就不去做，也不要因为风险小就去做。要想在商界站稳脚跟，违背道义的事坚决不能做。

第七，防止合作伙伴见异思迁。亲密战友要符合四个条件：他和你在一个战壕里一起战斗过至少1年；在你没有负他的前提下，对你所说的每一句话都能负责任；他必须是个实在且踏实干事的人；他能把你们的共同利益置于个人利益之上。四点缺一不可。

第八，团队里别掺杂感情。不要轻易让你的家庭成员进入你的团队，更不能随便和团队里的异性生出感情波澜。

第九，不可对有利益冲突的女人有非分的想法。

第十，别对你的女人讲商业细节。可能她听不懂，另外，商业细节里也许有让你日后被动的东西，或者那涉及商业机密。

第十一，可以送礼，但不要以此要挟对方。

第十二，不要偷税漏税。

第十三，与记者保持距离，学会对记者设防。

第十四，天外有天，不要在任何场所摆大，哪怕你真的很大。

第十五，不要卷入政治派系纷争。保持中立，老老实实做你的生意。

第十六，多品茗赏景，少计较得失。有所得就有所失，有所失就有所得，天下有的是赚不完的钱和商业机会。

第十七，不要过多用金钱粉饰自己。

第十八，保密自己的财富。男人的金钱应该和女人的年龄一样永远属于秘密。

第十九，别理会国外案例。不要羡慕别人的成功，更不要鄙夷别人的失败；要做的是分析和总结别人成败背后的真实原因，取其长，补其短，做你该做的事。

第二十，不要用黑白道的规矩去解决商业冲突。既然选择了做商人，就必须遵守商业中的一切游戏规则，愿赌服输。

第二十一，在能把握全局的前提下，不要事必躬亲，但业务的核心部分你自己必须牢牢把握。

第二十二，给自己留条后路。后路包括藏起一个存钱罐，以备东山再起；一栋法律意义上并不在你名下的房子，以便有个地方一个人疗伤，恢复元气；更包括一个并不经常往来的但很仗义的朋友，可以在关键时候收留你。①

上述案例中的"22 条商规"同前文的"浙商 22 条军规"如出一辙。上述"22 条商规"蕴含丰富的实践理性。但是，在德国思想家康德看来，讲实践理性有两个层次：日常的算计与理性的协商。日常的算计，你要算计别人，别人也算计你。你在算计别人的时候必须要考虑到人家也在算计你，算来算去最终不能两败俱伤，最起码要达到最好的效果，要达到双赢。怎么样才能双赢？这需要我们协商，用我们的理性来协商。如果没有理性那就没法协商了，彼此之间就讲不成道理。但是正因为人都有理性，所以我们是可以协商的，可以考虑在我们相互的关系中达到双赢——这是"日常的实践理性"。上述浙商"22 条商规"大部分属于此类。

然而，还有更高层次的就是"道德的实践理性"，这不在乎双赢不双赢，它在乎这个理性是否能够不自相矛盾，能够自我协调。拥有道德的实践理性必须预先考虑到做一件事情必须永远不后悔。改革开放 40 年来，大批优秀的浙商人物正是从"日常的实践理性"提升到了"道德的实践理性"，在参与公益的过程中展现了高尚的完整的统一的"人格"。

3.3.3 浙商实现了动用理性与生发情感的融合

人类理性的现实有限性与人类所追求的至善无限性之间形成张力。人的理性在其现实性上总是有其界限的，但是人的超越性本身却又是无限的。因

---

① 雄鹰：《一个浙江商人的 22 条商规》，《领导文萃》2006 年第 8 期，第 32—33 页。

此，理性展开为多重维度："涉及人与自然关系的技术性向度、涉及人与共同体关系的公共性向度、涉及人与人关系的规则性向度及涉及终极关怀的超越性向度。"①

　　德国思想家基尔凯郭尔将人的存在分为 3 种：感性的存在，是维持生命及享乐的存在；理性的存在，是合乎道德、尽到伦理的存在；宗教性的存在，是精神有所寄托的存在。"理性与感性""灵与肉""情与理""利与义"，构成幸福生命的内在张力。在实践中，人以一种全面的方式，即作为"总体的人"占有全面的本质——视觉、听觉、嗅觉、味觉、触觉、思维、直观、情感、愿望、活动和爱等，融贯于"总体的人"中。"总体的人"就是"理性"与"情感"融为一体的人。浙商参与公益的历史实践表明，浙商参与公益以非理性方式冲决不合乎现实的理性束缚，进而重建理性。

案例　"八大王"胡金林的传奇故事

　　1981 年，胡金林是柳市首富，人称五金大王，年销售额 120 万元。他起初认为打击经济领域犯罪工作的目的是查税，就补缴了 6 万余元的税款，以为没事了。但后来，他听说自己被定性为投机倒把分子，他就连夜出逃，在浙江山区躲藏。亡命到长春、哈尔滨一直到夹皮沟。两年后，他认为风头过了，潜回温州，当场被捕，坐了两个月牢，两个月后被无罪释放。胡金林说："从牢房里出来后，我发誓，这辈子再也不会相信共产党了。可是离开祖国之后，我的立场又改变了。我发现自己原来也是一个非常爱国的人。于是，胡金林筹划办一个轧钢厂，他拍着胸脯说："温州没有轧钢厂，乐清更没有，现在基本建设急需钢材，我要办一个轧钢厂！"折腾两年，失败。于是胡金林去了西部，去了以后才发现所谓的西部开发其实是雷声大雨点小。

　　2000 年 11 月，时任总理提出建立"中国—东盟自由贸易区"。胡金林闻风而动，在东南亚考察了一圈后，他看中了内战后百废待兴的柬埔寨。2001 年，胡金林去了柬埔寨，2 间门面、10 个房间和 1 个大仓库，成立三林国际电器（柬埔寨）公司。2004 年，把柬埔寨第三大发电站——马得望省发电站买下来。2005

---

　　①　俞吾金：《传统重估与思想移位》，黑龙江大学出版社 2007 年版，第 124—131 页。

年,他又把国内的电器生产技术带过去,在柬埔寨直接生产电器产品。2007 年,在柬埔寨桔井省取得 15 万亩原始森林的特许使用权。胡金林看准了橡胶种植业,一连开了 6 家公司,每个公司买下 1 万公顷林地(柬埔寨法律规定,外资公司每家只能买 1 万公顷土地)。他说:"橡胶是不可替代的资源,我国只有海南、云南出产,八成依赖进口。而柬埔寨正适合种橡胶,我这也是给国家做贡献。" 2008 年,柬埔寨温州同乡会正式注册成立,胡金林被推选为首届会长。胡金林成为柬埔寨的电器大王和橡胶大王。

在 2014 年浙商(春季)论坛上,胡金林获得 2013 年度"风云浙商会长"殊荣。①

浙商胡金林是曾经的"八大王"之一。 改革开放 40 年来,浙商群体中涌现出岂止八位"大王"?! 这些浙商的"大王"们,有理性也有"血性",自觉不自觉地将动用理性与生发情感相结合。 通过对"社会器官"的理性解剖与重构,在建立对象性关系的实践中实现合乎"个体器官"的幸福。 正如马克思讲的:"他的个体的一切器官,正像在形式上直接是社会的器官的那些器官一样,通过自己的对象性关系,即通过自己同对象的关系而对对象的占有,对人的现实的占有;这些器官同对象的关系,是人的现实的实现(因此,正像人的本质规定和活动是多种多样的一样,人的现实也是多种多样的),是人的能动和人的受动,因为按人的方式来理解的受动,是人的一种自我享受。" ②

难能可贵的是,浙商群体并未止步于仅仅满足"器官享受",而是通过商业活动实践占有自己的全面本质之后,与他人一道共享幸福。

---

① 本叙事根据网络资料综合整理,参考了杨轶清《浙商简史》中的部分内容。
② 中共中央马克思恩格斯列宁斯大林著作编译局:《马克思恩格斯文集》(第 1 卷),人民出版社 2009 年版,第 189 页。

4 浙商参与公益特色论

　　企业家的更高层次是事业家，事业家的更高层次是慈善家，慈善家的更高层次是公益社会活动家。美国学者、罗斯福政府重要智囊何道夫·伯利认为，"真正巨大的公司管理层经到达他们史无前例的地位，他们必须自觉地进行哲学考虑。他们必须考虑到他们服务的社会人群，他们必须在一开始就担负起对社会人群的责任"①。从世界著名企业家比尔·盖茨、股神巴菲特和亚洲首富李嘉诚的事迹中我们可以看出，当他们财富积累到一定程度的时候，他们首先想到的是社会责任。研究发现，浙商群体营利不反对"功利"，同时又体现出鲜明的义务论精神。就改革开放40年以来浙商参与公益而言，既体现出功利论特质，又体现出义务论精神，实现着从功利论向义务论的升华。"利益的一致"是人类唯一应有的状况——从改革开放的历史过程来看，浙商奋斗就是每个人不断克服自我的局限性，并与他人克服局限性的奋斗相配合。改革开放40年来，浙商通过参与公益表明：真正的企业家并不是利用占有社会产品去奴役他人的劳动，而是在为建构中国特色社会主义事业共同体的奋斗中实现义务论与功利论之统一。

---

　　① Prashker L. "The 20th Century Capitalist Reolution". *Harcourt, Buce & Co.*, 1954, Vol. 55(3)，p. 166.

4.1 浙商参与公益的义务论精神

从伦理学一般思想方法与道德原则来看，义务论或称"道义论"，属于非目的论（Non-teleology），以行为本身具有的特征或行为所体现的规则作为评判行为对错的标准。 作为伦理思想方法，义务论寻求道德的普遍性与必然性，力图使道德义务成为具有客观必然性的普遍法则。 康德伦理学作为义务论的典型，着力阐述作为"善良意志"体现的义务，由此发出"定言命令"：要只按照你认为也能成为普遍规律的准则去行动。 浙商参与公益不同于一般慈善活动之特色，在于既有"善良意志"，也继承了义务论对独立人格的表达，对"人是目的"原则的恪守，对人的尊严的维护。

4.1.1 将资本存在拓展为责任担当

义务论认为，人是以自身为目的的存在，没有什么其他东西可以代替人这个目的存在；每一个人都是自己的目的，每一个人相互之间也应当把对方看作是目的，每一个人都有自身存在的绝对价值。 "人是目的"具有双重理解方法："个体善"抑或"公益"，前者"人是目的"，后者人"类"是目的。"人是目的"，即便是"最大多数人的最大幸福"也不能遮蔽此目的，否则就会伤害个体自由权利；人"类"是目的，是使经验世界合乎理性世界的要求，就是互为目的性的"交互主体性"的存在方式，就是试图达至共享"公益"的目的王国。 正如康德所言："道德的至善不能仅仅通过单个人对自己的道德完善所做出的努力来达到，而更要求在一个大家目的都同一的整体中联合起来。"①

美国经济学家米尔顿·弗里德曼（Milton Friedman）认为，企业的社会责任就是使利润最大化；企业的重要价值取向之一无疑是作为资本而存在。然而，同样是资本主义社会的学者，也有在承认资本追逐利润属性的同时，要

---

① 周辅成：《西方著名伦理学家评传》，上海人民出版社 1987 年版，第 475 页。

求资本承担社会责任。 美国管理学教授斯蒂芬·P.罗宾斯（Stephe P. Robbins）认为，企业的社会责任是超过法律和经济要求的，是企业为谋求对社会有利的长远目标所承担的责任。 美国管理学学者哈罗德·孔茨（Harold Koontz）认为，公司的社会责任就是认真地考虑公司的一举一动对社会的影响。 作为企业主体的社会责任，在某种意义上就是要在"大家目的都同一的整体中联合起来"。

国内学者张应杭认为，企业社会责任是企业为所处社会的全面和长远利益而必须关心且全力履行的责任和义务，是企业对社会的生存和发展在道义方面的积极参与。 从整体上来说，企业不是赚钱的机器，而是充满人文关怀的"生命共同体"。 企业社会责任包括的内容主要有：对消费者而言，要价格合理，保证质量，使用方便、经济、安全；对供应者而言，要恪守信誉、履行合同；对竞争者而言，要公平竞争；对政府、社区而言，要遵守宪法、法律、条例，参与社区建设；对员工而言，要创造公平安全的就业环境，负责教育和培训员工与分享企业发展成果；对全社会而言，要参与社会公益事业；等等。 企业社会责任涉及几乎一切的经营领域，因此从各个方面都可以看出企业社会责任的重要性。 毫无疑问，企业家作为责任人比经济人、社会人都更加重要。 由此可以引申出，企业有"国有"与"私营"之分，有"大型企业""中型企业"与"小微企业"之别，但（按比例）承担社会责任的价值追求是一致的，否则就会成为"道德木头人"。

承担社会责任不仅仅要求企业恪守诚信之义务。 个别商人在发迹初期诚信缺失，但是后来发现，以诚信来做生意只会使生意做得越来越兴旺。 道理很简单：商品信任度高所以"回头客"多，薄利多销可以发财。 但是，这充其量只能算经济道德。 义务论精神要求超出经济考量，而从内在"道德律令"出发。

改革开放40年来，浙商参与公益经历了从自发到自觉，从而将资本拓展为责任担当。

案例 当年欠款6 000万元，"我"也要做慈善

10年，华立集团坚持做着同样的一件事。昨天下午，以"不忘初心·感恩同行"为主题的浙江绿色共享教育基金会十周年庆典在杭州余杭的梦想小镇举行。10 年间,该基金会已累计帮扶 3 000 多名寒门学子圆梦大学,公益足迹遍布 30 个地区,累计支出善款近 3 000 万元。

作为基金的发起人,华立集团董事局主席汪力成先生十分激动。他在庆典上说,当初他在尚有 6 000 万元银行欠款的时候成立这笔基金,目的就在于将公益作为自己的毕生事业。10 年前,在华立集团总部会议厅,由华立集团董事局主席汪力成先生发起和捐赠并呈报浙江省民政厅民间组织管理局批准设立的非公募基金会——浙江绿色共享教育基金会正式成立。10 年间,基金会始终把对社会满满的爱化作行动。

基金会在授人以鱼的同时授人以渔,鼓励受助者将这份希望,通过自己的努力不断传递给更多的人;同时,在"绿色共享·公益环保"中,基金会通过设立非洲马赛马拉野生动物保护基金,组织全省小学生"野生动物·我们的伙伴"知识竞赛、"同一条钱塘江·百里彩塘"绘画创作、小学生观鸟赛、绿色定向环保赛等各种活动载体,呼唤公众对生物多样化保护方面的关注、爱护和参与,倡导人与自然和谐共存,守护绿色家园,从自己身边点滴做起。汪力成认为,创造物质财富是衡量人生是否成功的标志之一,但肯定不是唯一的标准。汪力成说:"个人决定发起设立一个非公募慈善(公益)基金会的初衷,旨在将个人奋斗所积累的财富通过基金会平台,以合适的方式逐步回馈于社会上需要帮助的人和事,为社会文明进步贡献一份力量。"在十周年庆典会上,汪力成还分享了自己的故事。他说,当初成立这笔基金时,自己的银行欠款还有 6 000 万元。但那时就想,等自己的钱多得花不完的时候,再来做慈善,那就晚了。

汪力成说,将慈善事业当作一项能永续的事业来做,这将会比前半生积累财富的过程更有意义。只有当一个社会出现大量的财富终极拥有者完全出于某种信念、理想或者感恩而从事慈善事业,才代表这个社会开始进入和谐的轨道。①

---

① 王益敏:《当年欠款 6000 万,我也要做慈善》,钱江晚报,2017 年 5 月 17 日,http://www.zj.xinhuanet.com/zjBusinessman/20170517/3712013_c.html。

在上述案例中，主人公当年欠款 6 000 万元，"我"也要做慈善中的"我"，是自觉担当责任的"我"，是"我"对"我"自己发出的"绝对命令"。可见，浙商参与公益不是为了相信上帝的教导，或者相信某个圣人的教导，而是出于自己理性的一贯性遵守道德，并通过实践唤起了群体的义务论层面的道德自觉。

在相当长的历史时期，百姓对金钱、货币、商品等物"日用而不知"。在"个体独立性社会"，人作为私人进行活动，把他人看作工具的人把自己也降为工具。从内在价值来看，金钱乃"身外之物"，"货币拜物教"将货币当成了目的。如是，货币超出了"一般等价物"的范畴规定，进而充当了现实生活中一切有价值事物的"一切等价物"，于是造成了价值混淆、价值替换，造成了"一切自然的品质和人的品质的混淆和替换"。浙商参与公益的实践表明，人与物的关系可以而且应当转化为人对人的关系，责任担当就是把这种关系还给人自己。如是，加工技术变成创造艺术、资本存在变成精神存在。

4.1.2　"我"作为主体性存在而尽义务

马克思在《共产主义和奥格斯堡〈总汇报〉》中对思想、良心和信念之间的论述，亦颇有"念念致良知"的意味："征服我们心智的、支配我们信念的、我们的良心通过理智与之紧紧相连的思想，是不撕裂自己的心就不能从其中挣脱出来的枷锁；同时也是魔鬼，人们只有服从它才能战胜它。"[①]这里所说的"思想"是一种发自内心的、对真理的真正确信和行动的指南，体现着良心的自我确信，并形成理智与良心合一的坚定信念。如果一个人的行为与这种理性的规定相抵触，就会产生"人格分裂"。

根据康德的义务论思想方法，人是有感情的，但是理性才具有确定性；人是自由的，但自由并不在于选择动物式的欲望满足，而是选择理性自身发出的道德律令。道德律令不是"假言命令"而是"定言命令"，故能够成为普遍立法的原则。"绝对命令"之自我施加的"命令"，是"自我立法"的意志自

---

① 中共中央马克思恩格斯列宁斯大林著作编译局：《马克思恩格斯全集》(第 1 卷)，人民出版社 1995 年版，第 295—296 页。

律，是将被动的"我必须如此行为"变为"我自觉立意如此行为"。在此意义上，"绝对命令"＝"人的自由"。韦伯也提出了"责任伦理"和"信念伦理"的区分。"信念伦理"是不问后果的，它所能意识到的唯一"责任"，是"盯住信念之火，不要让它熄灭"。而在这个充满利益冲突的世界上，只有"责任伦理"才能以审时度势的态度，"不但要求为自己的目标做出决定，而且敢于为行为的后果承担起责任"①。所谓"自由意志"，是"我"作为主体性存在而尽义务。真正的道德就是这样一种绝对的自由意志，它不受任何外在条件的限制。在任何情况之下，都是"我"的理性告诉我应该怎么做，这在将来是不会后悔的——如果我做了，我对得起自己。

我们知道，浙东学派代表人物王阳明的心学理论将良知（涵容了"良心""良能"）谓之"本心"之发现："人心是天渊，心之本体，无所不该。原是一个天。只为私欲障碍，则天之本体失了。……如今念念致良知，将此障碍窒塞一齐去尽，则本体已复，便是天渊了。"（王阳明：《传习录》）在某种意义上，浙商是浙学"知行合一"的实践者。在改革开放以来的浙商参与公益的过程中，体现出"我"作为主体性存在而尽义务。

案例　慈善是力所能及帮助他人

2011 年 11 月 1 日，浙江圣奥集团创立 20 周年，董事长倪良正宣布圣奥慈善基金会揭牌成立。这只他酝酿已久的慈善基金，原始资金达 2 000 万元，一跃成为全省规模较大的民企慈善基金之一。

成立不到半年，圣奥慈善基金会已经先后开展了多项慈善行动：向常山、开化的多所小学捐赠 1 000 套课桌椅，开展"阳光教室"项目；在云和县小学发起"爱心晚餐"行动，为 130 多名小学生提供伙食……圣奥慈善基金会又将目光对准了社会弱势群体和残障人士。今年 5 月，倪良正带领基金会一行，来到杭州康乃馨儿童潜能开发中心，为这里上课的自闭症儿童添置 40 多台空调和教学设备。接受记者采访时，倪良正表示，慈善就是要做力所能及的事情，帮助最需

---

① ［德］马克斯·韦伯著，冯克利译：《学术与政治》，生活·读书·新知三联书店 1998 年版，第 8 页。

要帮助的人,源自内心最朴实的冲动。他说:"圣奥这么多年发展下来,我们每当困难的时候,都希望有能力的人给我们帮助。今天圣奥有一些发展了,但还有不少需要帮助的人,所以从内心来说,我自然有一种冲动想要去帮助他们。"

和"慈善榜"上许多年销售额几十上百亿元的知名企业相比,从事传统家具制造的圣奥集团并不是最醒目的那个,然而跟许多默默耕耘发展起来的浙商企业一样,对倪良正而言,从事慈善事业不计回报、不求瞩目。倪良正向记者表示,如今,圣奥慈善基金会只是一个起点,我们现在正在探索各种可能的方式。未来,圣奥慈善基金会的活动将更多元化、专业化和持久化。他表示,基金会每年至少增加1 000万元,有生之年,争取把大部分的资产回报给社会。①

在上述案例中,浙商参与公益"不计回报、不求瞩目",反映出恪守"义务"不是"他律"而是"自律",是作为道德主体的"我"并非出于利己目的或外在荣光,而是自觉意识到应该将资产回馈社会,力所能及地帮助他人。

进一步研究发现,很多浙商更愿意自己去做慈善,而不是借助社会的慈善机构。他们并不会因为外在的激励而选择向慈善机构捐款,而是自己把钱投到他们认为需要帮助的人身上。这些年来,越来越多的浙商选择了成立基金会的方式来做慈善,不少知名浙商都成立了慈善基金会,或者几位浙商联合发起成立基金会,从而具有"我"作为主体性存在而尽义务的意味。

4.1.3　共同享受有尊严的生活

社会主义社会之所以优越,一个重要方面在于占据着道义高地。而在"个体独立性社会",在一盘散沙的世界,人类分散成各个分子,便只能服从于"命运的安排",或者在幻想中把自己解放出来,从而搁置了走向崇高的人类使命。马克思在《论犹太人问题》中,揭示了"犹太精神"的现代化,从而造成"个体感性存在"与"类存在"之矛盾:"市民社会中的生活,在这个社会中,人作为私人进行活动,把他人看作工具,把自己也降为工具,并成为异

---

① 浙江在线:《三个浙商的慈善样本解读》,浙商网,2012年8月21日,http://biz.zjol. com. cn/05biz/system/2012/08/21/018750585. shtml。

己力量的玩物。"①这就意味着，人应该以更高级的形式肯定生命，在掌握"必然命运"中走向崇高。

捍卫人的尊严尤其是劳动人民的尊严，是马克思主义伦理学的重要使命。西方学者尤金·卡曼卡认为："马克思所关心的完全不是把共产主义描绘成一个充足的社会，他所关心的是把共产主义描绘为一个充满人的尊严的社会，一个在其中劳动会得到尊严并变得自由的社会，因为它是由全面的、有意识的参与者在一个被赋予了合作和共同目标的共同体中所实施的。"②如果说康德式的对"人的尊严"的维护很大程度上是精神层面的，那么浙商参与公益则旨在通过具体的"事功"，让每个人都有尊严地活着。

进而言之，浙商参与公益把从康德到马克思的道德价值理想落实到人间，从而完成了对义务论道德形而上学的超越。如果说在改革开放初期，浙商（尤其是"温商"）被称具有"犹太人精神"，那么随着改革开放的深入，浙商的"犹太人精神"也获得了提升。研究发现，经过改革开放 40 年的发展，浙商参与公益实现着"知"与"行"、"智"与"德"在实践中的统一，并且帮助人们在实践过程中获得崇高品质，使人高尚起来，从而达至合乎人道的崇高境界。

案例　开车进汶川

2008 年"5·12"四川汶川大地震，那个黑色的日子，那个令人肝肠寸断的场景！全中国的目光都聚集到四川汶川，为灾区人民献出一份爱心，成为每个人的责任和义务！

2008 年 6 月 26 日，珀莱雅公司决定为四川茂县和汶川两个重灾区捐赠价值 500 多万元的洗护系列产品，并组织珀莱雅爱心车队将捐赠物资送到灾区！侯军呈亲自驾车，从成都到汶川。这一路，需经过宝兴县、小金县，海拔 4 000 多米的夹金山，还有当年红军长征时留下的两河口会议遗址，红军胜利会师的达

---

① 中共中央马克思恩格斯列宁斯大林著作编译局:《马克思恩格斯文集》(第 1 卷)，人民出版社 2009 年版，第 30 页。

② Eugene K. "The Ethical Foundations of Marxism(2nd ed.)". *Boston, Routledge & KeganPaul*, 1972, pp. 156-157.

维,最后经过马尔康进入汶川。翻越夹金山的这一路都是上坡,环山公路没有超过100米的直路,一个弯道接一个弯道,坡陡弯急路况差。右边是面目狰狞、锋利无比的岩石,左边则是深不可测的深渊。侯军呈沉着冷静,应对一个个险情。进入震中汶川的公路,布满碎石沙砾,汽车一过便扬起漫天灰尘。大地震之后,路边大部分坍塌的房屋已成废墟,即便没倒的也成了危房。城里的房屋有很多都没人住了,空在那里,一片凄凉。在一些地势比较平坦开阔的地方,搭建了很多帐篷,灾区人民借以栖身。在汶川这边管理和接收物资的是济南军区红军师高炮团。他们在灾情刚发生时,就奔赴此地抗震救灾,因其卓越的表现而被称作"铁军"。安放红十字会物资的地点,是在汶川师范专科学校的餐厅,里面堆满了各地捐赠的物资。师专前面有一条河,河对岸是一条马路,地震之前也是十分热闹的,但现在已被从山体滑落的泥沙淹没了,在山与公路之间有块大约7米高的路牌,三分之一都埋在泥沙中了。地震之后加上连续几天的异常天气,山体还在滑坡当中,山上的碎石和泥沙,还时不时倾泻下来。

济南军区红军师高炮团团长接待了侯军呈一行人,他说:"感谢你们,这么大老远地跑来给灾区献爱心啊!"侯军呈说:"应该感谢你们才是,你们一直坚守在救灾的第一线!"部队的战士们开始装卸车上的物资,一箱箱洗发水在大家手中传递,仿佛爱心的火种在人们心里不停传递。运货的小推车的车轮坏了,战士们就用自己的肩膀来扛来抬!战士们满脸淌汗水,湿了衣襟和后背。货物搬完之后,深受感动的侯军呈,决定赠送几箱洗发产品给部队,以表达我们珀莱雅人的敬意!侯军呈关切地询问了一些情况。虽然现在灾区人民的基本生活没有太大问题,但是由于交通不便,一些日常生活用品还是很稀缺的。再加上夏天是疾病高发期,灾区疾病预防工作也在紧张进行中,个人卫生这时候就显得更重要了。当这些洗发水送到灾区群众手中时,他们说:"这个洗发水送得很及时啊,我们现在就是很缺这些日常用品,真的非常感谢!"

与汶川红十字会办理完相关手续之后,侯军呈一行人踏上了回程。路上,他回望那山那路,眼角渐渐有点湿润,心中说,珀莱雅的爱心不会就此止步,还会走得更远……①

---

① 袁亚平:《行走天下——浙商新形态》,浙江文艺出版社2013年版,第89—90页。

汶川地震等自然灾害固然是一种不幸，但幸运的是，正是有了包括浙商在内的全国人民的帮助，才取得了抗震救灾的必然胜利。马丁·布伯在对人的命运进行思考时，提出"必然命运"与"偶然运气"之分："必然命运"与在因果关系纽带中发生的可预见的事件相关，"偶然运气"则与没有因果关系纽带的不可预见的事件相关。"必然命运"依赖于人类自身，"偶然运气"由"天注定"。

据《浙江日报》报道，浙江援建，着眼青川长远发展，坚持"输血"与"造血"并举，帮助青川建设工业园区、开发旅游景区、发展特色农业。援建的川浙产业园、浙商产业园已入驻企业 25 家，极大带动了青川工业发展；投入资金 7 亿多元，建成国家级 4A 旅游景区 3 个；投入援建资金 1 亿多元，实施产业援建项目 104 个，扶持发展食用菌、茶叶等特色产业，建设农业特色产业基地 5 万余亩。① 如今，这些"新血液"正发挥巨大效益，为青川经济发展注入新的生机与活力。由此可见，浙商因为拥有了生产资料，也就拥有了实现自身"幸福"的基础。这种"幸福"是在浙商自身拥有生产资料和劳动工具的前提下自主地从事生产劳动而实现的。拥有劳动产品的所有权，才能拥有属于自己的"成就感"及"幸福感"，这表明从事商业活动也是"让人有尊严地生活"的方式。然而不止于此，改革开放以来，浙商通过参与公益实践，创造人人得以共同享受的有尊严的生活环境，由此具有义务论"自由自觉的活动"的伦理意涵。

4.2 浙商参与公益对功利论的批判继承

从一般伦理思想来看，功利论（Utilitarianism，或功利主义、效用论）的核心概念是功利（Utility）、利益（Interest，Interessen），与之相关的重要范畴是幸福（Happiness）、快乐（Pleasure）。功利论伦理思想方法以是否

---

① 方臻子：《在"5·12"地震十周年之际，回望浙江援建青川这十年（之二）》，《浙江日报》，2018 年 5 月 9 日第 11 版。

产生了"利益""效用"等"后果"作为道德评判标准——如果产生了则是"善的"（Good），反之则是"恶的"（Bad）。功利论思想渊源可以追溯到古希腊罗马时期的思想家亚里斯提卜、伊壁鸠鲁、卢克莱修。及至近代，英国思想家培根、坎伯兰、哈奇逊、休谟、斯密，法国思想家爱尔维修、霍尔巴特，以及意大利法学家贝卡里等人，均在其思想体系中表露出功利论思想。"古典功利论"的创始人是18—19世纪英国思想家边沁（Jeremy Bentham）和密尔（John Stuart Mill，或译穆勒），他们正式提出了功利论的伦理思想方法，以"趋乐避苦"规定人性，并将其作为"善恶"判断之依据，从而与古希腊幸福主义伦理思想方法一脉相承。马克思主义伦理学是对西方功利主义的扬弃和超越。研究发现，浙商参与公益带有功利主义色彩。这种功利主义追求个体幸福亦为他人幸福，强调以"非扭曲的欲望"战胜"扭曲的欲望"，"己欲"与"立人""达人"的和合，以及追求个体幸福与改善民生的统一。

4.2.1　以非扭曲的欲望战胜扭曲的欲望

功利论所持的以"普遍的效用关系"为行为准绳，会造成对本真生命的扭曲。因此，功利主义只是表达了"资本精神"，最终只能沦为货币商品价值乃至人本身价值的等价物。从资本经济学角度分析，货币的本质不是体现"物"的价值的商品，其不仅是交换的中介，而且是人的活动的中介。因此，货币是人的交往工具，人们通过它而证明自身的存在。以信贷为例：在信贷关系中不是货币作为人的中介，而是人作为货币的中介。信贷是对一个人的道德做出经济学的判断。在信贷中，人本身代替了金属或纸币，成为交换的媒介——但这里说的人不是作为人而存在的，而是作为某种资本和利息而存在的。这里有向人复归的动向，但只是一种"虚假的复归"。成为具有货币属性的人、为了货币而存在的人，其肉体与灵魂、地位与尊严、道德规范与物质享受、快乐与幸福都变成了货币的表现形式。一言以蔽之，人的内在生命被货币掏空。

正因如此，西方伦理学者艾伦·布坎南将"偏好"分为"扭曲的欲望"和"非扭曲的欲望"。所谓"扭曲的欲望"，即违背了"人性"的欲望；"非扭曲的欲望"恰恰相反，是真正的"人的欲望"。改革开放40年来，浙商在实现自身"人的欲望"的同时，在群体上能够避免"扭曲的欲望"，在参与公益中共同实现欲望的正常满足。

案例 我有饭吃，你们不会喝粥

虽然，在当时的体制之下，银行和国企之间的债务可以核销，但凌兰芳却不愿意图谋这样的体制之便。他向银行承诺，所有的银行贷款一分钱都不会少。这一份真诚，打动了客户和银行，也打动了同行业中的不少国有大中型企业。这些企业将价值几千万元的煤炭、焦炭、炉炭、火车车辆、钢材等给凌兰芳的公司销售，允许他们卖掉后再给钱。6 年过去了，凌兰芳和他的公司终于将 3 300 万元的欠债还清了。

在网络上，流传着凌兰芳曾经说过的一句话，"我有饭吃，你们不会喝粥"。7 年前，湖州市委、市政府下决心要让丝绸国企"彻底改，改彻底"。作为昔日的国家二级企业，"昌荣"的 2 989 名员工陷入了被"买断工龄"的命运。面对和自己相同命运的"4050"人员，凌兰芳对他们的遭遇感同身受，在自己企业刚刚走上正轨之际，毅然决然地接下了这个烂摊子。至今，凌兰芳还对那段"历史"记忆犹新。他说："当时真的是群情激奋，那些准备冲入会场的人把我团团围住，叫骂的，质问的，气氛相当紧张。"尽管如此，对于工人兄弟们的遭遇，凌兰芳依然表现出了理解。"想想也是，之前大家已经下过一次岗了，如今失去了国企员工的身份，卖掉了工龄，今后的命运谁知道呢？""我也不是仙人，不能够点石成金、药到病除，也不可能给你们打一张'宝大祥'的保票。企业以后好不好，全靠我们共同努力。光我努力你们不努力不行，光你们努力我不努力也不行。有一句话我可以告诉你，如果再有下岗，我老婆先下，再你下，你下了我下。在我老婆下岗之前，你不会下岗，只要你愿意干，好好干，我们就一起干到退休。我有饭吃，你们不会喝粥；我有粥喝，不会让你喝汤。"这是凌兰芳在昌荣改制之际，面对全厂员工说过的一番话。而那句最有名的"我有饭吃，你们不会喝粥"也是从中而来，如今已被公司职工奉为奇谈。

2006 年，凌兰芳成为全省得票最多的十大风云浙商之一。在 2007 年年初的风云浙商颁奖礼上，凌兰芳即兴作诗"大风起兮云飞扬，下岗工人兮变浙商，兄弟姐妹兮受鼓舞,丝绸之路兮通四方"。①

在上述案例中可以发现,尽管浙商也有欲望,但却是企业家与员工"有饭同吃"的欲望。 企业也是中国特色社会主义事业共同体的有机组成部分,企业内部也要讲公益。 在某种意义上,企业的长远发展更需公益精神。 正因如此,新制度经济学的企业理论将新古典经济学的单一生产制度体系——市场机制,拓展为彼此之间存在替代关系的、包括企业与市场的二重生产制度体系。市场机制是一种配置资源的手段,企业也是一种配置资源的手段,两者是可以相互替代的。 在科斯看来,市场机制的运行是有成本的,通过形成一个组织,并允许某个权威(企业家)来支配资源,就能节约某些市场运行成本。当然,新制度经济学也有偏颇。 科斯认为,交易费用的节省是企业产生、存在及替代市场机制的唯一动力。 而就中国特色社会主义经济而言,道德价值提升带来的凝聚力的增强,也是企业发展的重要动力源。

因此,如果说浙商从事商业活动是承认人的"偏好的满足",那么他们便是通过参与公益实现"非扭曲的欲望"。 在从"扭曲的欲望"提升至"非扭曲的欲望"的过程中,公益的奉献替代了资本的冲动。

4. 2. 2 "己欲"与"立人""达人"的和合

"己欲立而立人,己欲达而达人"出自《论语·雍也》。 欲,要,想要;立,站立,这里指站稳;而,才能够;立人,使动用法,使人立,意思是扶起来或者搀扶;达,腾达;达人,使动用法,使人达,让他人腾达,意思是帮助他人,使他人腾达。 此句意指:仁者,就是自己的脚要先站稳,才能够扶起摔倒的人;自己要先腾达,才具备帮助他人的能力,才能去帮助和周济需要帮助的民众。 "己欲立而立人,己欲达而达人"是儒家思想"仁"的具体体现。一个仁爱的人,是一个以"博施济众"为己任的人,是一个努力提升自己,并乐于助人、乐善好施的人。

---

① 冯洁:《"我只是工人"——记浙江丝绸之路集团董事长凌兰芳》,《浙江经济》2009 年第 7 期,第 43—45 页。

其实，如果功利论走向彻底，走向"人人"得以享受幸福，那么"己欲立而立人，己欲达而达人"会成为逻辑与实践的必然。彻底的功利论不仅关注行为者一己的幸福，而且关注相关人的幸福。确切地讲，正是认识到自己的幸福与他人的幸福相关，才注重公共幸福。于是，功利论从个体"感觉"出发，演变成理性地"联想"社会共同体的利益关系及其调整；从个体出发的利益实现问题，演变成深层的社会政治、经济、法律关系的正当性问题。如此，"最大幸福原则"在其展开的过程中，一方面要推崇个体幸福，另一方面要提升公共福利。

上述理路体现在浙商参与公益的实践中——浙商从利己主义者成为人而不仅仅是个人。所谓"成为个人"，乃是满足一己之私利；所谓"成为人"，即成为关心公共福利的人。汲汲于个人功利并不会带来长久的快乐，因此浙商虽强调"个人利益"却不主张甚至反对"自私自利"。

案例　温州一家人

一部《温州一家人》捧红了百折不挠、勤勉奋斗的女主角"周阿雨"，也让"周阿雨"的原型——温州女商人程慧秋，成了浙商圈中不折不扣的"名人"。

2012 年 11 月 10 日，由金牌编剧高满堂推出的电视剧《温州一家人》在央视一套播出。全剧以温州人周万顺一家的命运沉浮，浓缩温州人海外创业的奋斗历程。其中，周万顺的女儿周阿雨的原型便是程慧秋。"跟高满堂老师聊的时候很轻松，他说自己采集剧本素材，我就把以前在国外生活、打工的一些细节告诉他，没想到真的写进去了。"程慧秋还告诉记者，电视剧开播的那段时间，自己每晚都要追看，"开头那几集，我看的时候特别有感触，鼻子都酸酸的。"

她提到，这部剧中阿雨创业的故事与自己有七八成相似，不仅令她回想起了自己的过去，更找到了许多身边朋友创业的影子，她也很喜欢阿雨这个角色。她说："很励志，在逆境中还保持着纯真的爱心，特别难得。"而实际上，温州商帮作为浙商闯天下的一脉，早已受到各方关注。程慧秋认为，《温州一家人》更多的是将很多温州人的创业故事结合在一起，是众多温州人在海外奋斗创业的故事。

温商之所以成功，在程慧秋看来，与其本身吃苦耐劳的精神分不开。"我们不抱怨，很团结，尤其在创业的路上。"程慧秋与记者分享了一个例子："比如某个老乡要创业了，需要 100 万元启动资金，我们大家有人认 1 角（1 角代表 1 万元），有人认 2 角，都是无息贷款，在请大家吃饭的时候抓阄，抓到数字几就是过几个月再还。""大家都愿意在最开始的时候、最难的时候帮助你。"程慧秋感慨，"浙商其实很热情，任何一个商帮的成功都有自己的基因，而我们习惯于对自己严苛，对朋友大方，这是浙江人的美德，也是为什么浙江人走到哪里都不怕的原因。"

这个善于发现和把握机会的女浙商还认为，G20 杭州峰会将让更多人关注浙江，优秀思想的充分交流也会产生更好的项目、更好的思路。她说："把浙商以外的朋友加进来，融进去，以浙商的学习能力，未来的路一定会越走越宽。"①

"温州一家人"其实是相互扶持、互相帮衬的"大家庭"，其中贯穿着公益精神。通过上述案例可以看出，所谓"一家人"并非毫无利益牵涉的一家人，而是能够实现互利互惠的一家人。当然，有情感贯注其中。

马克思、恩格斯在《德意志意识形态》中对功利主义者进行了肯定，认为他们是"大胆的公开的进步"，是揭开封建伪装的"世俗化启蒙"。马克思、恩格斯在《神圣家族，或对批判的批判所做的批判》中揭露道："'思想'一旦离开'利益'，就一定会使自己出丑。"②在某种意义上，利益是人们行为价值的唯一而且普遍的鉴定标准，"正直"无非就是对个人或群体有利的行为习惯。在此意义上，浙商参与公益又破除了儒家"仁爱"最终导致的意识形态虚假性的迷惑。采用上述标准，就意味着将增进人民的现实福利作为重要考量。推而广之，一个群体是否先进，根本在于是否"代表最广大人民的根本利益"。通过参与公益表明，浙商群体自身既是劳动群体，也是能够推"己"及"人"的群体。

---

① 新浪浙江：《温 13 岁女孩出国闯江湖今亿万身家 温州一家人周阿雨故事原型》，新浪网，2016 年 12 月 18 日，http://zj. sina. cn/news/2016-12-18/detail-ifxytqav9698428. d. shtml? from＝wap。

② 中共中央马克思恩格斯列宁斯大林著作编译局：《马克思恩格斯文集》（第 1 卷），人民出版社 2009 年版，第 286 页。

4.2.3 追求个体幸福与改善民生的统一

在马克思主义伦理学看来，幸福不是任何人的赐予，也不是在对"上帝"的冥想中推向遥远的"彼岸"。正如马克思在《〈黑格尔法哲学批判〉导言》中提出："废除作为人民的虚幻幸福的宗教，就是要求人民的现实幸福。要求抛弃关于人民处境的幻觉，就是要求抛弃那需要幻觉的处境。"①商业活动追求功利，在某种意义上也是实现"此岸世界"的幸福。

然而，追求现实幸福不等于汲汲于功利——那只可称为"小功利论"。研究发现，浙商参与公益超越了以追求利润最大化为原点的功利主义，可谓"大功利论"。所谓"大功利论"，即对同类、对生命具有总体关怀的功利论。我们知道，心理学家马斯洛提出 5 个层次的需要理论。若以此来界分，"大功利论"不仅强调满足基本需要（生存需要），还强调更高层次的需要（安全需要、归属和爱的需要、社会交往的需要及自我实现的需要）被满足的程度。改革开放 40 年来，浙商中若干优秀企业家通过参与公益，实现着更高层次的"需要"。

案例 打造新商业文明

马云表示，当今世界环境问题不断加剧，地球家园正面临着生态退化、环境污染和气候危机等困境。"我关注环境时间不久，但是最近越来越关注，相信大家都关注到几乎每个月都有地震和自然灾害，而且灾害越来越大，地球到底出了什么事，我相信每个人最近都在问这个问题。而二氧化碳的大量排放带来的全球气候变化已被确认为最主要的原因。除了工业减排（直接减排），森林碳汇（间接减排）是延缓全球变暖的重要的现实举措。"马云认为，通过植树造林吸收二氧化碳，对普通人来说，是一种最容易参与的方法。

马云也代表"树绿家园"发起组织倡议，把碳中和理念融入企业责任，组织企业开展日常化的植树活动，绿色办公，把植树视为员工公益活动的主要方式，

---

① 中共中央马克思恩格斯列宁斯大林著作编译局：《马克思恩格斯文集》（第 1 卷），人民出版社 2009 年版，第 4 页。

一同推动商业伙伴和更广泛的消费者参与植树行动。"这个事情不仅仅是企业家应该关注的,我们必须去思考未来,不仅为自己,为孩子,我觉得不能停留在口号上,更不能停留在理念上,应该是真正的每个人做点事。"马云说。马云呼吁让植树成为绿化中华大地的新公民行动,通过网络社会和现实社会的互动,"真正唤醒人们对环境的意识、人们对地球的意识"。马云认为,现在不能仅仅是倡议,而是到了行动的时候了,同时他坚信"80后""90后"的年轻人一定能够改变这些事情,每个公民从小事做起,从每个人做起,影响你能影响的每一个人,一起行动,植树造林,保护地球,履行地球公民职责。我们需要唤醒所有年轻人,当你看到有人往河里面排污的时候,当你看到有人在砍树的时候,你要阻止这件事情。"马云也再次谈及了中国的水环保问题,他认为,中国遇到了水危机,水越来越少,水污染却越来越严重。他又认为,云南的旱灾就是个信号,他希望利用互联网的力量唤醒大家对水的保护。马云以自己为例,建议开车的人不妨根据自己的汽车排放量去认购种树,这样"至少说我们做了点事情,我们为后代留了一些树,我们做了一些绿化的工作,我们对环境做了一些贡献"。据了解,阿里集团一直关注全方位地参与环境保护,关注植树造林及水资源保护等工作。

马云表示,阿里集团要打造"诚信、透明、责任和全球化"的新商业文明,以保护环境为己任,因此他们不仅自觉地控制对环境的污染,降低能耗,而且要通过他们的电子商务平台推动整个社会节能环保意识的提高。电子商务推动的不仅是一种新的消费方式,更是一种低碳的生活方式。①

上述案例表明,商业活动是功利性活动,而商业文明则需要"诚信、透明、责任"等价值理念的指引,从而将企业的价值追求与社会发展方向乃至人类文明进步趋势结合起来。

在马克思主义伦理学看来,"富有的人"是有着内在需要、总体的生命表现的人。 正如马克思在《1844年经济学哲学手稿》(笔记本 Ⅲ)中将"富有

---

① 马云:《2018年只要抓住这两大行业,一大批的人将会暴富》,搜狐网,2018年2月28日,http://www.sohu.com/a/224412562_100088793。

的人"界定为"富有的人和富有的人的需要代替了国民经济学上的富有和贫困。 富有的人同时就是需要有总体的人的生命表现的人。 在这样的人的身上,他自己的实现作为内在的必然性、作为需要而存在"。① 浙商参与公益,实现着追求个体幸福与改善民生的统一。 当每个个体都成为这样的"总体的人",才能更好地解决社会主义初级阶段的基本矛盾,让大家一道过上共同向往的美好生活。

4.3 综合"义务论—功利论"是浙商参与公益的鲜明特色

义务论与功利论并非水火不容。 丹麦学者阿斯格·索伦森等批评了将原来对"目的论—义务论"的区分,演变成"后果论—义务论"乃至"后果论—非后果论"的对立——"这显然是一个逻辑上的完善,使该区分简单而完整……实际上抽空了义务论的任何肯定内容,而同时使它成为反对功利主义的唯一可能性。"②实际上,作为典型的义务论者,康德把功利论所追求的"幸福""利益"及"快乐"等价值要素囊括进自己的理论中。 在《道德形而上学》中,他把建立在实践理性批判基础上的义务按照从"经验"到"纯粹理性"的次序,重新组合成义务论体系。 研究发现,浙商参与公益体现出了"德福一致"的理路,从而克服了义务论的主观性及功利论的外在性。

4.3.1 超拔资本主义的人民功利论

功利论不能等同于利己主义。 在一定意义上,功利论较之义务论更接近道德真理。 正如学者王海明指出:"如果说道德目的是自律的,是道德自身,是完善人的品德,那就等于说:道德的目的就是压抑人的欲望、侵犯人的自由,就是压抑人的欲望而压抑人的欲望,就是侵犯人的自由而侵犯人的自

---

① 中共中央马克思恩格斯列宁斯大林著作编译局:《马克思恩格斯全集》(第 3 卷),人民出版社 2002 年版,第 308 页。

② [丹麦]阿斯格·索伦森、肖妹:《义务论——功利主义的宠儿与奴仆》,《哲学分析》2010 年第 8 期,第 8—25 页。

由，就是害人而害人，就是作恶而作恶。 所以，道德的目的不可能是自律的，而只能是他律的：不可能是道德和品德自身，而只能是道德和品德自身之外的利益、幸福：为了保障社会的存在与发展，最终增加每个人的利益，实现每个人的幸福。"①

从学理层面来看，资产阶级功利主义归根结底不要求个体与他人建立起亲密的心理上的情感关系，也不要求共同体成员间彼此体谅、分享快乐及创造意义，而是通过产品、利益及金钱相联系。 奉行功利主义的个体归根到底是在情感上和心理上独立于他人而生活的私人个体，并认为他人的利益会威胁到自身的利益的个体。 美国马克思主义伦理学者艾伦·布坎南还指出了功利主义会陷入理性的博弈之中，从而产生人们彼此"算计"的可能，共同利益受到免费"搭便车"等问题的威胁："这一群体的每一个成员，如果是理性的，将做如下推论——不论我是否做出贡献，其他人的努力要么足以创造出利益G，要么不能创造出利益G。 如果是前者，那么我就可以免费得到这一利益，我的付出就是浪费；如果是后者，那么我的付出对我又是一种损失。"②因此，如果某个人"理性地"从自身利益出发，便会不付出代价而搭乘别人的"便车"。 在某种意义上，功利论成为"搭便车"的借口。 功利论伦理思想方法关注的焦点是结果的功效性。 由此，"最大多数人的最大幸福"作为一种实践原则，在现实中便可能在追求社会最大幸福的口号之下，侵犯少数人的正当权益；抑或以"公共福利"为名，行一己之私利。

功利主义虽然标志着旧道德的结束，但并没有创造新道德的开始。 资产阶级功利主义将彼此看作有用的对象，其实"彼"与"此"是不平等的。 深入资本主义生产关系领域可以发现，对于资产者来说，工人的意义存在于剥削关系之中；对于工人而言，资本家的意义存在于雇佣关系之中。 马克思、恩格斯在《德意志意识形态》中指出，两者的联系纽带就是纯粹的利益："这种

---

① 王海明：《伦理学导论》，复旦大学出版社 2009 年版，第 60 页。

② ［美］Allen E B. Marx *and Justice*：*The Radical critique of liberalism*. Totowa：Rowman & Littlefield Press，1982，pp. 88-89.

利益的物质表现就是金钱，它代表一切事物，人们和社会关系的价值。"①从社会主义核心价值观来看，人们除了功利性追求以外，还有某种更为神圣的价值性追求；在功利权衡之上，更有自由、尊严、正义等价值维度。浙商不是资本家而是企业家，浙商参与公益体现出社会主义制度属性的要求。浙商本来就来源于劳动人民群众，通过参与公益，在幼有所育、学有所教、劳有所得、病有所医、老有所养、住有所居、弱有所扶等领域做出具体贡献，提高着保障和改善民生的水平，也提升着中国商业界的国际形象。

案例　浙商精神的时代演绎

浙商总会从成立开始，对新时期的浙商精神一直有思考。无论是浙江省委、省政府领导还是浙商群体本身，在总结"四千精神"的同时，认为需要赋予浙商精神新的时代内涵。第一次"年会"上，总会提出了"不行贿、不欠薪、不逃税、不侵权"的"四不"商规。这是对浙商的基本要求，体现了"亲""清"政商关系的正确取向。

浙商总会成立大会

2016 年 11 月，浙商总会联合在上海市的浙江商会和浙商举办世界浙商（上海）论坛，浙江省委副书记、代省长车俊专程赴沪，他在论坛发言时殷切寄语浙商，要树立新的全局观、资源观和生态观。

也就是在这个论坛上，上海市浙江商会会长郭广昌表示，过去大家总结浙商精神用了"四千"，现在我们要再次强调信念和责任，在继承老一辈浙商的传统精神的基础上，更加明确立足中国，放眼全球的"新浙商精神"和"新浙商使命"。

2016 世界浙商上海论坛暨上海市浙江商会成立三十周年

新时代企业家要有新的定义，要有更大的担当精神、更大的家国情怀、更大的创造精神。新时代呼唤新时代的浙商精神。在 2016 年 11 月 10 日举行的民

---

① 中共中央马克思恩格斯列宁斯大林著作编译局：《马克思恩格斯全集》（第 3 卷），人民出版社 1960 年版，第 480 页。

营企业家座谈会上,浙江省委副书记、代省长车俊完整阐述了新时代浙商精神的内涵。

而在这次座谈会之前,11月7日,车俊调研了数家民营企业和浙商总会,他充分肯定成绩,希望他们再接再厉,进一步做好服务浙商、引领浙商、凝聚浙商的工作,当好广大浙商的娘家人,搭好服务地方发展的桥梁,积极推动浙商回归,引导企业加快转型升级,为全省"两个高水平"建设发挥更大作用。

"跳出浙江发展浙江",把"浙商回归"和"市场拓展"结合起来,在整合共建共赢上找价值循环,重点在引入外人、牵手外企、搭上"外快"上下功夫。

全面提升对内对外开放水平。浙商总会与吉林、宁夏、西安等省区市签订了战略合作协议,与各商会成立了团体会员吸纳制度,并着手在全球各地设立分会。

"加强东西协作 助力扶贫攻坚新路径"

为国内区域协调发展,浙商总会积极参与扶贫工作。在云南,首次实现了商会组织和政府合作的扶贫模式;在甘肃,青年企业家委员会与当地高校对接,承接西北地区成长性劳动力培训任务;在贵州,公益事业委员会(筹)部署留守儿童之家、阳光助学、聪慧启明等系列活动。

在国际市场拓展方面,马云会长倡议的世界电子商务贸易平台(Electronic World Trade Platform,eWTP)落地海外,2017年6月他出席了"连接世界"美国中小企业论坛,7月组团去非洲,9月出席多伦多中小企业论坛,10月出席瓦尔代国际辩论俱乐部年会。李书福收购了马来西亚宝腾汽车公司和英国路特斯跑车公司,众泰引入福特股份,开启浙江民营汽车走向世界的新征程。

浙商分布广,支持建立"一带一路"浙商基站是总会的基本任务。浙商总会也较早就开始着手建设"一带一路"浙商基站,以站点为据点,在站间连线,步步为营,站站落地,这是浙商经济体参与"一带一路"的基本方法。①

如果说浙江精神是与时俱进的,那么浙商精神也要随着时代发展而不断

---

① 根据各种资料综合整理。

演绎。因此，浙商不仅要以"成为中国民营经济代表"来要求自己，还要以继续成为"社会主义市场经济代表"来勉励自己。在中国特色社会主义新时代，浙商如何以整合的力量参与公益，无疑是浙商未来发展的重要使命与时代契机。

如果以浙商为范本，可以对超拔资本主义的人民功利论进行时代解读。国内有伦理学者对"无产阶级功利主义"和"资产阶级功利主义"做出了基于4点原则的区分，并指出"资产阶级功利主义"本质上是自私的、利己的，且最终会走向利己主义。而"无产阶级功利主义"则是唯物的、崇高的，最终会实现个人利益和社会利益的统一。"从无产阶级功利主义的基本特征来看，它同集体主义在本质上是一致的。在这个意义上说，社会主义的集体主义原则，就是无产阶级的功利原则——真正的最大多数人幸福的原则。"[①]可见，中国化马克思主义理论的阐释也是沿着功利主义思维方式进行的。然而问题是：第一，将"无产阶级功利主义"与"集体主义"联结在一起，似乎又有循环论证的意味。第二，随着中国当代阶层的分化，无产阶级已经改变了其原有内涵。再用"无产阶级功利主义"已经难以涵盖广大中国人民的公益，以及人民内部各种团体、各种形式的公益。坚持为了最大多数人民的功利主义，乃是中国共产党 90 多年来的路线、方针和政策的宗旨。随着时代的发展，可以考虑将"无产阶级功利主义"转化为"中国特色功利主义"或"中国特色社会主义功利主义"。以此为理论原点，中国特色社会主义公益行动的逻辑起点和终极关怀就是：建设中国特色社会主义是全国各族人民的共同理想，是为了实现中国人民和中华民族的共同利益，这是当前"最大的公益"。

4.3.2 超越儒商文化的内在义务论

儒商文化本质上是以儒家伦理作为主导的一种企业文化。儒商伦理有一定可取之处，如讲"君子爱财取之有道"。这个"道"就是儒家强调的"仁义礼智信忠孝"，即讲诚信，讲人性本善，注重与政治大局的结合。与此相适

---

① 罗国杰主编：《伦理学》，人民出版社 1989 年版，第 168 页。

应，儒商文化强调企业家个人修养及对待员工的仁慈之心，并以服从国家民族的大义为重。

然而，儒商文化由于体现出经营活动与权力行为、经济领域与政治领域边界的模糊，往往导致官商文化的痼疾。在计划经济体制下，企业直接由行政权力来垄断。正如浙商企业家谢宏所言："人之所需谓之儒。真正的儒商应该是子贡，也是儒家价值知行合一的实践者。从某种意义上说，没有子贡，就没有今日我们所知的孔子儒家文化的传承。儒家是非常重视传承的，但为什么历史上的儒商没有能很好地传承？比如历史上最具代表性的儒商群体——徽商。我以为主要还是受历史局限，'富不过三代'的古训，还是折射出儒商传承的窘境，令人深思……"①

改革开放初期，一些商人的"暴富"就是直接或间接地运用了官商文化。随着改革开放向纵深方向发展，政企分开与社会治理的创新，促进了商人的转型发展，带来了国家与个人、政府与企业关系的转变。然而，个体成为投资者和"老板"之后也带来了新的问题，即如何履行社会义务的问题。习近平总书记强调的"以人民为中心"不是回到个人本位，而是要形成现代社会的组织架构，而非回归儒家的个人私德。企业的发展建立在一个人的道德水平之上不可靠，往往导致"富不过三代"。而一些企业之所以能够成为"百年老店"，正是因为依循了"价值规律"、注重市场信誉，从而将"善良意志"诉诸实践行动。因此，要真正发挥"善良意志"，就需要将个人奋斗与国家富强、民族振兴与民族幸福相结合。

案例　民族复兴实践者

从一个补鞋匠成为中国民族工业发展的一个排头兵,从一个普通的青年农民成长为党的十六大代表,中国飞跃集团董事长邱继宝无疑是这个风云变幻的改革时代的风云人物。他的经历,是改革时代中国农民逐步甩脱贫穷走向小康社会的一个缩影;同时,他也是千千万万为民族复兴而矢志奋斗的普通中国人

---

① 谢宏:《企业家要讲政治——也谈儒商精神》,谢宏博客,2009 年 12 月 6 日,http://blog. sina. com. cn/s/blog_4aca12dd0100gb5c. html。

的杰出代表。

在改变中国农民命运的改革时代，邱继宝靠卧薪尝胆、自苦心志的精神成了其中的佼佼者。今天，这种精神依然支撑着他不断走向新的辉煌。写邱继宝，不能不提他的"发家史"。在今天的鲜花和荣誉身后，他一路洒下的却是超出常人几倍的热血、眼泪和汗水。邱继宝的创业经历，表现了自强不息、坚忍不拔、勇于创新、讲求实效的浙江人精神，也表现了一个商海成功者超常的意志力和承受力。邱继宝在贫穷中生长，经历过屈辱，因此他理解员工的需求，也更关心员工的生活和思想文化的建设。为了丰富员工的业余文化生活，邱继宝支持党、工、团、妇先后办起活动室、体育文化中心、学习培训中心，还拨出专款解决困难员工婚丧嫁娶等资金不足的问题。目前，公司还实行了全员社会保险制度。针对有些私营企业主有了钱之后就花天酒地、声色犬马的现象，邱继宝说："牌子是靠人做出来的。私营企业主是一个新兴的社会阶层，要在经济发展中承担自己的社会责任，就不能老是给人以'暴发户'的印象。人不能忘本、脱离土地和国情，作为一个东方国家的创业者，民营企业家应该有人格的力量。"

"滴水之恩，涌泉相报"，邱继宝这位血脉中流淌着中华民族美德的汉子，致富思源不忘本。他时刻告诫自己：个人奋斗与民族利益、对国家的贡献结合起来才有意义，财富的集聚过程也是社会责任增加的过程，农民的儿子就要把带动农民致富当作自己的责任，作为共产党员更要时时刻刻把党、国家和人民的利益放在心上。……邱继宝和他的飞跃集团的发达，让身后的土地变色和成千上万农民的命运改变。①

在上述案例中，既体现出主人公身上的中华民族传统美德，又体现出改革开放以来的时代因子，从而超越了传统儒商文化，达到了"现代儒商"的时代高度。所谓"现代儒商"，就是企业价值、社会价值与自我价值在独立人格中的有机统一。正如浙商企业家谢宏所言："儒商要有一个经营人生的概

---

① 沈锡权、何玲玲：《"草根"里崛起的民族复兴实践者——记省政协委员、飞跃集团董事长邱继宝》，新华网，2003年1月16日，http://www.zj.xinhuanet.com/special/lianghui/daibiaoyulu/daibiaoyulu001.htm。

念，要懂得价值平衡和价值取舍。 在操作层面，要首先解决经营动机问题，要从简单的利益驱动上升为价值驱动，进而上升到信念和信仰驱动。"①正如上述案例主人公邱继宝所言："私营企业主是一个新兴的社会阶层，要在经济发展中承担自己的社会责任……人不能忘本、脱离土地和国情，作为一个东方国家的创业者，民营企业家应该有人格的力量……"

著名哲学伦理学家罗尔斯在《正义论》中，将义务分为"自然义务"（Natural Duty）、"职责义务"（Obligation）。 "自然义务"是维系人类共同体存在的最基本的道德义务，所有人都应当履行；"职责义务"是公民在国家、社会中，由国家公共权力及自己的具体职责角色所要求的义务，这种义务的履行以公共权力本身的公正合理为前提。 改革开放 40 年来，政府职能改革建构起更加合理的公共权力，与浙商通过参与公益履行"职责义务"相辅相成。 在上述案例中，浙商成为企业家不仅带来自身命运的改变，也改变着同辈群体的命运，乃至国家民族的命运。 由此可见，"人的解放"不能诉诸"人是人的本质"的抽象词句，也不能诉诸单个个体的自由，而必须在社会普遍交往的基础上建立"自由人联合体"。 在这种共同体中，个体才有克服异化劳动片面性之可能，才能从被迫地尽义务到自主履行"任务""职责""使命"；在这种共同体中，管理者与被管理者才能共同作为人而承担"任务""职责""使命"——为了自己和他人全面地发展一切能力（体力劳动能力和脑力劳动能力）。 改革开放 40 年来，浙商通过参与公益为发展上述能力创造生产生活条件，从而将"善良意志"真正付诸实践。

4.3.3　恪守义务与谋求功利综合

不同时代、不同制度背景下有不同的"义务"。 当代美国学者桑德尔从哲学层面，对义务论勾画的图景进行了拆解：就其内部而言，义务论的"自我"由于被剥夺了一些构成性的依附联系，更像是被解除行动权力的"自我"，而非自由解放的"自我"。 无论权利还是善，都不能纳入义务论所要

---

① 谢宏：《哲商思维：一位知识型企业家的商道、人道、学道》，北京大学出版社 2010 年版，第 19 页。

求的那种唯意志论的推导之中——"自由解放的时刻在到来之前便已消失，至高无上的主体被抛入环境要求的汪洋大海。"①马克思在《资本论》（第 1 卷）中犀利地说道：资本家也是有"良心"的，资本家的"良心"就是人格化的资本——"资本家只有作为人格化的资本，他才有历史的价值，才有……历史存在权。"②可见，资本家只有将资本化于自身才能成为"家"。因为生产方式决定生活方式，生活方式决定"良心"发现程度。

浙商参与公益体现出将促进人类的功利作为义务的方法。一方面，主张追求对"非道德的善"（如"自由""人类共同体"和"自我实现"）的最大化，体现出功利论的方法；另一方面，也坚持"人的尊严""人是目的"原则，反对将一部分人或他们的利益仅仅作为实现另一部分人或他们的利益的手段，反对牺牲一部分人的利益去满足另一部分人的利益。这就意味着，所有人都肩负促进共同体利益增加的义务。不讳言利益，从"感性世界"出发，这是功利论特征；同时，强调"正确理解"利益，使"私人利益"合于"人类利益"，又体现出义务论特征。因此可以说，浙商参与公益综合了功利论和义务论。

"世界历史就是人类自由历史的发展"，这是黑格尔的名言。最高层次的自由肯定是超越物质世界的，是被人类一切精神创造财富的一个结晶。最高的精神自由，必须把人类所创造的一切精神财富都纳入自身。在改革开放 40 年的时代背景下考察浙商参与公益，其最高境界应该是对全人类精神财富的一种吸收，对人类的精神财富进行全方位的弘扬。在某种意义上讲，浙商参与公益的水准决定其境界有多高。于是便自然生成如下问题：企业家如何共守"商道"，怎么样对待自己的事业？

案例　大企业当仁不让的责任

2018 年 4 月 22 日，首届数字中国建设峰会在福建福州召开。在开幕式上，

① ［美］迈克尔·J.桑德尔著，万俊人译：《自由主义与正义的局限》，凤凰出版传媒集团、译林出版社 2011 年版，第 200 页。

② 中共中央马克思恩格斯列宁斯大林著作编译局：《马克思恩格斯文集》（第 5 卷），人民出版社 2009 年版，第 683 页。

阿里巴巴集团董事局主席马云作为嘉宾在现场发言。

第一，当前是这次技术革命的关键期、决胜之时。马云表示，全社会要对互联网公司、互联网技术和整个互联网的发展有更加深刻的认识。他说："第一次工业革命欧洲抓住了机遇，第二次工业革命美国抓住了机遇，第三次工业革命亚洲应该抓住机遇，这是我们亚洲也是中国的机遇。"在马云看来，前20年是技术变革，后30年轮到应用变革。"我们现在面临着30年来互联网技术深入传统行业方方面面的巨大的变革，现在是关键时期，也是决胜时期，我们今天所做的任何决定，制定的任何政策不仅仅影响今天，也是影响到未来30年，甚至更加长久。"

第二，大企业要有大担当，今天的大企业不是太多了，而是太少了。在核心技术的突破上，马云认为，中国需要一大批能够担当大任的企业引领技术变革。"在核心技术上争高下，是大企业当仁不让的责任。"马云说。在他看来，今天没有哪个国家，也没有哪个企业可以说自己在新技术上高枕无忧。真正的大企业不是看市值有多大，而是看担当有多大；不是看市场份额有多大，而是看是否掌握了核心和关键技术。近年来，我国芯片自给率不断提升，在提升国产芯片竞争力的问题上，以阿里巴巴集团为代表的中国企业也不断加快攻克核心技术难题的步伐。就在本月20日，阿里巴巴集团宣布，全资收购中国大陆唯一的自主嵌入式CPU IP Core公司——中天微系统有限公司，在更大层面统合科研力量。与此同时，阿里巴巴集团达摩院已组建的芯片技术团队，正在进行一款神经网络芯片——Ali-NPU的研发。按照设计，此款芯片如果研发成功，将会在更好地实现AI智能在商业场景中的运用，提升运算效率，降低成本。马云指出，中国需要一大批能够担当大任的企业，它们能够将数据和技术引向应该走的方向，在大国竞争的关键技术、关键领域担当重任。

第三，中国需要一部数字经济法。"中国需要有一大批企业，但是中国更需要一部数字经济法，电子商务只是数字经济的序幕，是很小的一部分，数字经济将全面影响人类生活的方方面面，它远远超越电子商务，所以我们认为电子商务法应该升级为数字经济法。"马云认为，进入IOT（物联网）时代，万物互联将会带来数据爆炸，今天全世界都在担心数据时代带来的挑战和危机，但是今天的数据和未来相比只是沧海一粟。在这样的未来面前，中国当前需要一部数字经济法,这部数字经济法不仅仅是监管法,而更应该是一部发展法、一部未来法、一部全球法;它着眼于事业发展,是面向未来、有全球的眼光和担当的大法,我们建议完善相关法律。纲举才能目张,创新发展思路,从技术创新开始走向制度创新。中国在数字经济上的制度创新,是对世界真正的贡献,也是对世界真正的担当。①

商人不可不言利,大商不可只言利。进而言之,新时代浙商应强化"以利养义"。在上述案例中,马云提出为中国掌握自己的核心技术、制造"中国芯"贡献一份企业力量,就是鲜明体现。在全面深化改革的时代,在中国企业走向世界的时代,肩负民族大义理应是"大企业当仁不让的责任"——这也应该成为新时代浙商参与公益的重要着力点。

由上可见,浙商参与公益虽然并未自觉运用伦理思想,但却是用企业成长与人格生命展示伦理思想。这种用生命展示的伦理思想隐含着义务论与功利论方法的一致性——人们只有为同代人的完美和为他们的幸福而工作,才能使自己也达到完美。从人的生命实践来看,义务论与功利论之所以能够实现统一,是因为人具有"双重生命本性"和"双重生命价值",有"自在生命价值"和"自为生命价值"的双重追求。这两种追求构成人在日常生活中"功利"与"义务"得以统一的价值基础。在参与公益中,浙商力图实现"人类的幸福"和"我们自身的完美"之统一,就是义务论与功利论在实践中之统一。

---

① 朱银玲:《这是大企业当仁不让的责任》,钱江晚报,2018 年 4 月 23 日,http://zjnews.zjol.com.cn/zjnews/zjxw/201804/t20180423_7091595.shtml。

5

浙商参与公益发展论

本章既探讨浙商参与公益发展的"实然"，也勾画浙商参与公益发展的"应然"。从现实角度来讲，浙商参与公益不仅蕴含着探求正当性的契约精神，也充满着对大家一起过上"好的生活"的期待。其中，体现了德性论的主题——涉及德性与实践、德性与生活整体、德性与传统及德性与共同体的关系。浙商参与公益，将美德元素融入契约精神中，并贯穿在实践中。譬如，浙商总会，是合乎契约形式追寻正义的共同体；在浙商的各种"宣言"中，推崇成就伟大事业的献身精神，强调以德性彰显正义。在浙商参与公益的实践中，体现出传承美德与建构契约的并重。从"应然"角度来讲，对浙商参与公益的研究，应放在改革开放 40 年来的历史实践中，从而洞见其面向未来建构社会关系的契约精神，进而体现出在"真正的共同体"中养成美德的新时代轨迹。

5.1 浙商参与公益生发出的契约精神

从词源学角度考察，契约（Contract）即"契合""约定"之意。契约精神的基本逻辑是人生而平等，其核心思想是合意（Consensus）。与之相关的重要内容是自由（Liberty）、平等权利（Equal Right）、义务（Duty）、正义

（Justice）等等。从发展过程来看，古典契约论的伦理思想方法秉持自然主义，其理论假设是"自然状态"中的自然人通过立约，转让（全部或部分）个体权利成为受共同体保护的公民；现代契约论的伦理思想方法超越了自然主义的假设，从人的社会性存在出发构建理论体系。罗尔斯讲道："'契约'一词暗示着这种个体或团体的是复数的，也就是在这种情况下，恰当的利益分割必须匹配各方都能接受的原则。"①马克思主义伦理学对契约论批判性地承认。浙商参与公益则将"正义"的考量置诸社会主义命运共同体，从而以更宽广的理论视野彰显着契约精神。

5.1.1 赢得经济权与政治权相平衡

改革开放加速着中国现代化的进程，而人的现代化是重要方面。公益的人格基础是现代人，是现代理性公民。公民姓"公"，而非一"市"之"民"；公民在公共生活中享有制约公共权力之权利（故"居民身份证"应理解为"公民身份证"）。进而言之，对"市民社会"采取"公民社会"的理解方式，更可以突出主张权利之"公"、参与权力之"公"，并且与正义的价值取向相契合，与对人的尊严之维系相统一。正如伦理学学者陈寿灿指出："伦理学意义上的人的尊严是指人特有的高于其他物种的尊贵与庄严，它在本质上是与人同在的一种道德权利。作为人权之一部分的人的尊严的保障离不开一定的现实基础，这个基础就是市民社会。市民社会的历史演进离不开其与国家的复合与分离。人的尊严的概念不断凸显的进程在一定程度上就是市民社会不断发育并逐渐摆脱政治国家支配与控制的过程。"②

现代公民具有较强的参与意识与参与能力，参与公益在某种程度上意味着对公共权力的参与。公共权力实际上是在特定的力量对比关系中，权力主体为了实现和维护公共利益而拥有的对公共权力客体的制约能力。力量的制约关系体现了公共权力的本质，公共权力一方面要以公共利益为基础，另一方

---

① John Rwals. *A Theory of Justice* (Revised Edition). Cambridge, Massachusetts：The Belknap Press of Harvard University Press, 1999, p. 15.

② 陈寿灿：《市民社会与人的尊严之内涵演进的统一》，《浙江学刊》2011 年第 3 期，第60—67 页。

面它又是权力的特殊表现形态。 马克斯·韦伯把权力定义为在社会交往中一个行为者把自己的意志强加在其他行为者之上的可能性。 从韦伯的定义中我们看到，权力从本质上反映了社会交往中人与人之间的一种带有支配性的关系。 丹尼斯·朗则认为，权力是某些人对他人产生预期效果的能力。 改革开放为浙商发展提供了契机，但是要发展就要赢得经济权，要赢得经济权就要争取特定政治权的支持。 在此意义上，参与公益就是参与公共权力的运作，就是浙商从自利性向公共性展开的公共行为的政治表达。 改革开放40年来浙商参与公益的实践，本质上是新兴商人群体一种凝聚权能和体现公共意志的力量表达。

公益的公共性指涉及一种特定的领域，公共生活在这个领域中得以展开；公共性还表明一种实体化的共同体，这就是在公共领域中活动的各种行为主体的聚合。 在此意义上，浙商作为社会行为主体参与公益之所以成为向公共性展开的公共行为，不仅仅是因为那是为了使私人利益得到保障和促进，更是为了彰显某种公共性人格。 正如西方著名思想家汉娜·阿伦特认为，人的需求有两个层面：第一层面，人需要有私人生活空间，以隐藏一些应该隐藏起来的东西；第二层面，人又渴望互相沟通与交流，这就必须进入可以显现自己才能的公共领域，这是一个人得到他人承认的必要条件。 哈贝马斯则进一步指出，正是在公共领域中我们能够通过公共理性互相协商达成共识，因而，能够实现大家所共同关注的普遍利益。 公共领域是指介于国家和家庭或个人之间的一个社会相互作用的领域及与之相关的价值或原则。 它既包括自愿性组织、社团、私人领域等结构性要素，也包括公开性、开放性、参与性等价值性要素。

改革开放以来，浙商参与公益从自发到自觉，在寻求经济权与政治权相平衡中彰显以人民群众为主体的契约精神，从而重构着公共领域，进而深刻地改变着现存关系。

案例 温州八大王事件

"八大王"这个称谓,在乐清柳市及全市广大群众中被深深地记忆。不管是"贬称"或是"尊称",通过一段短短几年的历史变迁,使人们清楚地认识到,他们是中国经济改革发展过程曲折的一个缩影。

20 世纪 70 年代末至 80 年代初，在改革开放强劲东风的吹拂下，"八大王"以各自灵活的头脑和手艺特长，很快成为各个领域的带头人，他们创办各种不同形式的企业，向社会广纳人才，发展个体经济，成了柳市乃至全国第一批在市场经济尝试下先富起来的人，有的很快申批土地建厂房，有的盖起了高楼大厦、高级别墅，令人向往。可是，时过不久，在 1982 年全国开展"严厉打击经济领域犯罪活动"的运动中，"八大王"被作为重大经济犯罪分子受到严重打击，有的被收审关押，有的"畏罪"潜逃，一度造成社会紊乱。1983 年，中央 1 号文件《当前农村经济政策的若干问题》下达后，人们清楚地看到了中央对农村联产承包责任制给予的充分肯定，也是这一文件的颁布，揭示了农村经济政策获得了进一步放宽，被羁押的"八大王"人员中有的被无罪释放，有的被取保候审，那些潜逃在外的也回家了。

回顾"八大王"的产生和发展，人们不会忘记"八大王"的造就人。他叫石锦宽，原是柳市镇一个居委会的负责人，1969 年在动员知识青年上山下乡、支边插队时，他挑选了 80 名有志青年去响应号召。3 年后，知识青年纷纷回乡，遇到了就业的困难。石锦宽急知青之所急，想知青之所想，他看中当时在温州刚出现的家庭作坊模式，就断然以居委会的名义申报成立了一家街道企业，取名为柳市通用电器厂，他自己担任厂长。柳市通用电器厂由 32 个门市部或车间组成，经营以低压电器为主要产品的各种销售业务，第一批员工与管理人员基本是支边回乡的青年。这些青年有理想、有魄力，他们上任后掌握了经济发展的客观规律，到 1979 年，企业产值达到了 1 亿元，它的汇款汇入额占柳市总汇入额的三分之二。

也是这位石锦宽，在中央 1 号文件与广大群众"见面"后，他豪情满怀，为"八大王"平反而四处奔波。他三上北京、八上省城、百上地委，前后共写了 130 万字的申诉材料，并把这些原属通用电器厂的企业人员保释出来。后来，原来下令批捕"八大王"和又为"八大王"平反的时任温州市委书记、浙江省高级人民法院院长袁芳烈同志，一次来温州时就特地安排了 3 个小时与"八大王"中的郑元忠会面。他说，十几年前你是轰动全国的"八大王"之一，是我亲自为你们平反的。你们给我上了改革最初最深刻的一课。①

在上述案例中,生动地展现出改革开放之初,浙商在同旧体制的抗争和公共权力的互动中发展起来。改革开放之前,社会主义中国体现出巨大的优越性。但是同时契约精神缺失——政府权力高度集中地掌握经济体系,"文革"期间甚至缺乏宪法约束;国家拥有社会中大部分的生产性资产,而其他生产资料作为私人财产在宪法中没有得到保障。在计划经济体制下,涉及企业的采购、生产、销售、分配等所有产、供、销环节,计划指令无所不在。类似"八大王"敢闯敢干的浙商精神与改革开放的逐步推进相辅相成。在浙商争取经济权与政治权相平衡的过程中,政府逐渐放松了对企业的经济管制和约束,逐步下放企业自主权,包括经营决策权、人事审批权、进出口权等等。如果把这种效应放到"利国利民"的大视野中考察,可以说以"八大王"为代表的浙商,以生命为代价的大无畏精神造就了"大公益"。

改革开放40年来,公共权力的规范运作推动着浙商发展,反过来浙商也通过参与公益影响着公共权力的运作,譬如首创于浙江的"店小二"精神:"弱化政府的管制思想,强化服务意识。政府要甘于做推进经济发展的'店小二',为企业提供周到服务。"②在中国特色社会主义新时代,浙商商会等民间组织也成为社会治理的主体。要秉持经济权与政治权相平衡的契约精神,就既要加强商会等的独立性,减少和避免对政府的依赖及与政府的特殊私人关系;又要加强商会等的公共性,避免和防止商会为少数人谋取特殊利益,制约政府和少数人的特权。

5.1.2　争取权利与义务相对等

在商品经济条件下,契约精神的表现之一就是通过制度化的设计,确保公平的利益交换。在此意义上讲,没有无义务的权利,也没有无权利的义务。

---

① 百度百科:温州八大王事件,百度网,2018年6月8日,https://baike.baidu.com/item/八大王事件/5102299? fr=aladdin。

② 人民网、中国共产党新闻网:《用政府权力"减法"换市场活力"加法"》,《新华日报》2016年7月18日。

契约双方自愿承诺与自愿承担责任与义务,这是契约有效约束性之根据;双方相互说明能够合理期待通过契约互利是契约的目的性,这种目的性成为契约自愿的基本理由。 如此,在理性、自愿、互利的前提下,契约成为良序社会(Well-Ordered Society)的保障形式,成为共同体的联系纽带。

根据契约精神,共同体奠基于个体之间的合意,个体拥有权利即共同体负有保障义务。 西方哲学伦理学家马丁·布伯曾经论及"我—你"和"我—它"之间的关系。 "我—它"关系是将他人化为对象的陌生关系,"我—你"则是真正有情感牵连的"私人关系"。 浙商参与公益中也有"我—你"之思,马克思则深刻指出:"自我意识是人在纯粹思维中同他自身的平等。 平等是人在实践领域中对他自身的意识,也就是说人意识到别人是同自己平等的人,人把别人当作同自己平等的人来对待。"[①]在此意义上讲,"类意识"是建构"我—你"关系的意识,这种意识是"自我"与"他我"融合的"类意识"。只有具备"类意识"才能组建"真正的共同体",才能真正贯彻契约精神。

浙商参与公益立足于人民结成的共同体及实践。 必须承认,浙商作为社会主义市场经济的主体,无法摆脱自利性的束缚,况且追求利润也是商人的"本能"(否则就不能称其为"商人")。 然而,商人更内在的本性是作为人的"类本性"。 作如是观,浙商从自利性向公益性的展开,实际上是向人的"类本性"的一种回归。 改革开放 40 年来,浙商通过市场行为参与公共产品的供给,强调权利与义务相对等地参与公益,从而某种程度地消灭着个别政府部门垄断公共产品供给产生的弊端。 研究发现,浙商通过争取参与公共产品的供给权利,既实现着企业家的个体价值,也给社会成员带来利益,履行着社会义务。

案例 事业做得有多大 担当就有多大

走到今天,每天都很紧张。而且钱和好产品似乎都不能带来快乐,但给人们的生活带来变化才能让自己快乐。

---

① 中共中央马克思恩格斯列宁斯大林著作编译局:《马克思恩格斯文集》(第 1 卷),人民出版社 2009 年版,第 264 页。

马云认为,做的事情越多,担当越多,麻烦越多,同时获得的是间接的快乐感,而不是普通的快乐感。他还爆出了新的金句:"如果是普通的快乐感,一个月挣一两百万元的人那是相当高兴,一个月挣一二十亿元的人其实是很难受的,这个钱已经不是你的了,你没法花了,你拿回来之后又得去做事情。"在第四届世界浙商大会上,浙商总会发起浙商新时代实业振兴行动,成立由100家企业、1 000亿元组成的新实业基金。2015年10月24日,浙商总会在浙江杭州举行浙商总会成立大会,阿里巴巴集团董事局主席马云当选第一届浙商总会会长,银泰集团董事长沈国军当选执行会长。

对于浙商总会的未来工作,马云表示:一是总会要团结好浙商群体,让浙商成为浙江,乃至全国、全球经济转型的积极参与者、推动者;二是希望传承浙商文化,提升浙江企业家精神,让浙商群体不仅发扬浙商拼搏精神,在人才培养、制度建设等方面也得大力提升;三是为青年企业家创造未来。①

在上述案例中,马云所言:"如果是普通的快乐感,一个月挣一两百万元的人那是相当高兴,一个月挣一二十亿元的人其实是很难受的,这个钱已经不是你的了,你没法花了,你拿回来之后又得去做事情。"这不仅是玩笑之词,也揭示出深刻的"商道"。而事实上,浙商用"剩余资本"做了很多公益,他们是在行使正当合法权利的同时主动担当社会义务。

"类意识"是"自我意识"和"他我意识"的统一,是彼此之间权利与义务相对等之自觉意识。有了这种意识,中国特色社会主义新时代的契约将更加简化。借用马克思、恩格斯在《德意志意识形态》一书中的表达:任何人的职责、使命、任务就是全面地发展自己的一切能力——"个人的全面发展,只有到了外部世界对个人才能的实际发展所起的推动作用为个人本身所驾驭的时候,才不再是理想、职责等等。"②在这样的社会,"义务"就是"权利",争取权利就是履行义务。而这样的社会,经过全面深化改革之后正在

①　马云:《事业多大担当就多大》,联商网,2017年11月30日,http://www.linkshop.com.cn/web/archives/2017/392268.shtml。

②　中共中央马克思恩格斯列宁斯大林著作编译局:《马克思恩格斯全集》(第3卷),人民出版社1960年版,第330页。

到来。 在更加强调市场决定性作用的新时代，必然要求强化契约精神、法治精神、权利与义务对等原则，这也让浙商在进一步发展中面临新的机遇和可能性。

5.1.3 促进正义与生产方式相契合

古希腊思想家柏拉图认为，一个善的国家应具备智慧、勇敢、自制和正义这 4 种美德，而正义则是最高层次的美德。 正义是人类社会追求的美好理想，体现其价值依归的公益亦体现出对正义的价值追求。

浙商要弘扬公益，必须把正义作为自身的价值追求。 然而，正义不是"理念"的构想，也没有"永恒正义"。 契约论将"自由平等的理性主体"设置为社会关系的主体，然而在资本主义生产方式下，这种主体之间的关系乃是"利己心""特殊利益""私人利益"将人与人之间连在一起并发生的关系。在生产力水平尚未得到高度发展的社会，还存在着经济交易。 为了让这种交易顺利进行，必须通过体现当事人共同意思表示的契约进行保护。 所谓法律，也就是由国家强制力确立的契约。 而国家不过是生产方式发展到一定历史阶段的产物，因此生产方式决定契约。

理想的契约达成，应表征人与人之间"你情我愿"的平等关系；在精神和肉体上彼此创造，才是真正的"我—你"关系。 只有超越资本主义生产方式，才能将契约关系重建为真实平等的人与人之间的关系。 正因如此，马克思揭示了人类向公共性回归的最终途径，那就是实现"两个彻底决裂"：同私有制彻底决裂，同私有观念彻底决裂。 实现"两个彻底决裂"，建立起"每个人的自由发展是一切人的自由发展的条件"的联合体，也就彻底实现了向公益本性的回归。

当然，在社会主义初级阶段，参与公益活动的行动主体来自政府、企业和社会等不同领域及不同阶层，他们之间既是相互依赖的，又具有独立的自主性。 浙商作为一个群体，可以带着自利参与到公益之中，达成利益上的共识。 由此，在社会主义初级阶段的发展过程中，在实现中华民族伟大复兴的中国梦的过程中，浙商通过参与公益体现出与先进生产方式的契合。

案例 异地企业商会参与公益

西部大开发,当时刚处萌芽阶段,落后内陆好大的距离。我们浙江商人到新疆创业,投资很大,这是一方面。更重要的一方面在于,观念上的改变,则是给新疆民营经济最大的、最根本的推动力。

新疆浙江商会作为全国第一家跨区域的企业民间组织,经国家民政部批准,于2001年11月6日挂牌成立。这个由在新疆参与开发建设的各行各业、不同所有制的浙江企业自愿联合组成的非营利性社团,开了创办异地企业商会的先河,是时代发展和创新意识的产物。浙江同新疆的经济贸易合作与交流源远流长,特别是改革开放以来的30年间,浙江人纷纷来新疆参与开发建设。目前,新疆浙江商会已发展会员单位1 000多家,其中直属会员150余家,团体会员5家。在疆的浙商人数已达30万余人,投资总额1 000多亿元,解决了50多万人的就业问题,涉及商业批发零售、酒店、餐饮、房地产、IT、外贸、建材销售加工制造、养殖、农副产品加工、棉纺、服装、矿产、石油、煤炭、林果、旅游物流和运输等行业。商会及其会员企业已成为新疆国民经济的重要组成部分,尤其是中小型民营企业,分布广,影响力大,得到了各级政府和各族人民的广泛赞誉。无论是对农业、工业、商贸、房地产、矿业勘探、市场及餐饮宾馆的投资开发,还是对国企的改制重组、兼并收购等都在新疆占有一定比例。特别是以浙江民营企业和个体经营户为主力军的乌鲁木齐边疆商贸城、火车南站商贸域、大小西门批发市场、华凌建材市场等四大商圈,已成为浙江产品和全国产品流向全疆、走向中亚的集散地和配送中心,这对培育与繁荣乌鲁木齐乃至全疆的市场,发展国际贸易、边境贸易,起到了很大的推动作用。

以"服务、创新、务实、奉献"为宗旨的新疆浙江商会在加强浙江企业与新疆党政部门的联系;维护新疆浙籍企业的合法权益;引导浙籍企业守法经营,自觉维护正常的市场经济秩序;组织浙籍企业充分发挥综合群体优势;吸引更多的浙籍企业来新疆发展;等等方面,都进行了卓有成效的工作,成为浙新两省区经济技术合作的桥梁和纽带。

黄银荣说,商会就是一个大平台!商会促进了在新疆的浙江商人间的信息交流,为他们搭建了合作平台,为他们投资兴业起到了牵线搭桥的作用,同时还为他们排忧解难,提供政策、法律等方面的服务。①

浙江商会之所以成为一个大平台,是因为改革开放以来社会主义制度的不断自我完善和发展。 毋庸讳言,社会主义初级阶段的中国仍存在贫富差距、地区差距和城乡差距。 但正如美国当代哲学家阿内逊指出,社会主义制度的优越性在于能够纠正失衡的分配制度:"在社会主义制度下,对自由的分配更平等,更公正,因而也更好。"②这种观点虽然重视自由的分配,忽视了其他物品的分配,但至少点明:社会主义应通过制度设计,从根本上解决"分配不正义"问题——制度是人设计的,人设计的制度应该是为了人。

达成理想契约的过程,是伴随着生产方式变革的历史过程。 改革开放 40 年来浙商参与公益,在某种意义上是浙商参与解放和发展生产力的同时,为实现共同富裕的社会主义奋斗目标做贡献。

5.2　浙商参与公益彰显出的美德元素

伦理学有德性论伦理学之说,其核心概念是美德③。 新西兰当代伦理学家罗莎琳德·霍斯豪斯认为:"美德是实现幸福、繁荣或美好生活所具备的品格。"④在 5 000 多年的发展中,中华民族形成了以爱国主义为核心,团结统一、爱好和平、勤劳勇敢、自强不息的伟大民族精神。 浙商在参与公益中对德性的阐扬,体现出勤劳勇敢、自强不息、乐于助人等劳动人民的美德。

5.2.1　热心公益人士展现出美德品格

所谓"美德",是帮助个体在共同体中过上好生活的"良品";要培养优

---

① 袁亚平:《行走天下——浙商新形态》,浙江文艺出版社 2013 年版,第 350—351 页。

② Richard J A. "What's Wrong with Exploitation". *Ethics*,1981,Vol. 91(2).

③ 西方的美德伦理学有亚里士多德主义的、休谟主义的、尼采主义的、斯多葛主义的和实用主义的等(每一派中又有不同的观点)。

④ Rosalind H,*On Virtue Ethics*,Oxford:Oxford University Press,1999,p. 29.

良品格，就要有好的生活习惯；要养成好的生活习惯，就要有正当合理的社会机构。一言以蔽之，幸福生活依系政治制度之完备，个体之"福"（eudaimonia）有赖于共同体的"繁荣"（Flourishing）。亚里士多德将这种内在品性统摄于灵魂，从中导出灵魂的"逻各斯"部分即理智德性（如智慧、理解、明智），以及灵魂的"非逻各斯"部分即道德德性（如慷慨、节制）。依系不同的实现方式，美德可指履行社会角色的义务的品质，可指能够自我实现的品质，也可指获得成功的品质。

改革开放以来，浙商参与公益的时代进展，体现出从自利性向公共性展开的公民美德，并积淀出社会责任感和正义感。研究发现，浙商的社会责任感区别于商业责任感，是一种道义责任感，而且有着内在的美德品格作为支撑。亚里士多德认为，行为者完整德性的构成有三要件：他必须知道在做符合道德规范的行为；他必须亲自做决定；他必须是在稳定不变的状态下做这件事。从浙商参与公益40年来看，一大批热心公益人士展现出美德品格，因为在他们看来，拥有美德才是真正的"英雄"。这样的"英雄"不胜枚举，在这仅举一个平凡简单而又不平凡的案例。

案例　不管叫"Tony"还是"英雄"，你都是榜样！

在金华市区开美发店的老板周仙军，和朋友吃完夜宵回家途中，碰到一辆撞树起火的越野车，他奋不顾身，4次冲进火海，救出2人。这段时间，美发店的同事跟周仙军开起了玩笑，都不叫他"Tony"（这是对理发师的统一称呼）了，都改口称他"英雄"，连上门理发的客人也直接称他"英雄"。铺天盖地，全都是点赞，从网络和现实两条途径雪花般地飞过来。

回想救人的那一刻，周仙军说自己没有多想，算是一种本能。"这么危险的状况，可能一辈子也只能遇到这么一次。如果我退缩了，有人因为我的犹豫丢了性命，可能我一辈子都会后悔、会自责。"周仙军略显腼腆地说，自己"一夜成名"后，得到了太多人的支持和鼓励，心里暖暖的，"但是叫我英雄，很不习惯，在我印象里英雄的形象一直就是像董存瑞、黄继光那样的"。但是在很多人眼里，周仙军的举动就是英雄的表现，因此，阿里巴巴集团天天正能量联合快报，决定对周仙军的行为给予现金10 000元的奖励。

阿里巴巴集团天天正能量联合快报给周仙军的颁奖词是这么写的——路边汽车起火,冒出滚滚浓烟,副驾上一名女子被困,那一刻上前救人,需要莫大的勇气。也许会受伤?甚至,也许会送命?他直言当时也害怕,但他毅然 4 次努力尝试救人,这一刻,心中的善良战胜了恐惧,因为他不能眼看着他人陷入险境。这就是最真实感人的正能量,他就是我们身边真正的英雄!感谢小伙,在火海中用双手,为一个生命护住了生的希望。纵是平民百姓,也有侠肝义胆,他用行动展示非凡,向我们传递了温暖与感动。奖励他,愿每一份无助都能遇见良善勇敢,愿每一个危急的瞬间,都有这样的平民英雄出现在你我身边。

周仙军说,以前看到类似的新闻,也会问自己:如果我遇到这些事我会上去帮忙吗?"这次在没有时间思考的时候,我庆幸自己上了。这也让我坚定了以后要做一个什么样的人。"周仙军说,谢谢阿里的奖励,同时也要告诉自己,生而为人,请务必善良。①

也许有人认为,像上述案例中一个理发店老板的事迹不值得一提。但是,这恰恰反映出浙商参与公益的"草根精神"。也就是说,热心公益的人士无论身份地位,都是内在美德品格的展现。

麦金太尔在《追寻美德》一书中指出:"美德是一种人类已经具备了的品质,拥有并践行这样的品质我们便能够在实践过程中获得相应的好处,反之就会严重地阻碍我们获得任何诸如此类的好处。"②阿里巴巴天天正能量联合快报对"英雄人物"践行了为特定共同体谋得"好处"的美德品质进行了赞扬,同样是在"追寻美德"。

5.2.2 理智德性与道德德性在公益实践中兼容

亚里士多德将德性分为两种:理智德性和道德德性。他认为:"理智德

---

① 胡剑、陆丹:《越野车深夜撞树爆燃 美发店老板 4 次冲进火海救人》,都市快报,2017 年 12 月 16 日,http://hzdaily. hangzhou. com. cn/dskb/2017/12/16/article_detail_2_20171216A116. html? spm=0.0.0.0.Crt54O。

② Alasdair M. *After the Virtue-A Research in Moral Theory* (Third Edition). University of Notre Dame Press,2007,p. 191.

性主要通过教导而发生和发展，所以需要经验和时间。 道德德性则通过习惯养成，因此它的名字'道德的'也是从'习惯'这个词演变而来。"①德性虽发自内心，但根源于历史化了的人类，并在实践中养成。 马克思、恩格斯对理智德性给予了赞扬，同时也对道德德性给予了肯定。

从一方面来讲，德性不只是对行动的倾向，也是做出理性判断的倾向。在此意义上讲，德性是理智德性。 "可靠理智德性论"（A Reliabilist Account of Intellectual Virtue）进而认为，理智德性乃是可以确定地产生真实信念的道德特性，这种确定性依系正确推理（Right Reason）。 如此，德性乃是依系理智而产生的，而非"临时起意"。 完整的德性需要实践理智（Phronesis），由道德德性引发的正当行为需要理智判断。

从另一方面来讲，理智德性是德性，道德德性也是德性。 这种德性，在王阳明的"致良知"学说中也有所阐述。 意大利伦理思想家丹瑞欧·康波斯塔对道德与美德进行了对比——如果说道德是良心之发现，那么美德则是习惯化了的道德。 他指出："事实上，如果良心指明了道路，美德就以一定的方式使这条道路变得更加容易、平坦、有准备，更令人愉悦。"②

改革开放40年来，中国特色社会主义事业共同体中的实践是浙商美德养成的深厚土壤。 浙商参与公益体现出德性的完整演绎，其中既有理智德性，也有道德德性。 正如前文所述，浙商参与公益带着理性考量与利益关切，展现出"理智德性"；同时，他（她）们的道德行为，是出乎内心、源自生活的自然流露，是纯朴的社会关系中展现的人性光辉，从而体现出劳动人民实践中的"道德德性"。

案例　老百姓的品性

当大虎打火机有限公司成为温州市首家质量免检企业，虎牌成为浙江省首届著名商标时，便有人找上门来，称如果同意他们借用虎牌，不出两个月就可净

---

① ［古希腊］亚里士多德著，廖申白译注：《尼各马可伦理学》，商务印书馆2010年版，第35页。

② ［意大利］丹瑞欧·康波斯塔著，李磊、刘玮译，朱东华审校：《道德哲学与社会伦理》，黑龙江人民出版社2005年版，第40页。

得上千万元。周大虎瞪圆双眼，一口拒绝。老虎正对着你，虎目怒张，虎口张开，一声长啸山林寂，百兽之王凛凛然。虎牌商标，如今已成中国打火机之王。

2001 年夏，面对一个温州人，日本广田株式会社社长田良平先生终于承认自己败下阵来。广田是世界享有盛名的打火机厂，产量在日本久居榜首。经过多年较量，在温州商人的冲击下，世界打火机三大基地——日本、韩国和中国台湾地区的百分之八十的打火机企业被迫倒闭。他们不得不倒闭，因为他们没有温州人那种几乎把自己的命都搭进去的创业精神。周大虎说，他还想代表个体户、私营企业老板说几句话。第一，老百姓创业真的很不容易，能从自己的伙食费，甚至养老金里抠出一点钱来开办一个企业，这个决心就不好下。即使这个企业干得很大了，老板们也会战战兢兢地紧着过日子，现在市场竞争太激烈了，谁知会遇到什么样的坎？如果他们成功了，就会给政府带来税收。第二，相信老百姓的智慧，老百姓是给点阳光就灿烂。大虎打火机有限公司只是温州的一个普通的企业，却得了一个世界第一，产品虽然小了点，总算干出点名堂。

如果政府也尊重、鼓励和支持老百姓创业、创新，那么会有多少惊喜等着我们，我们的经济怎么能不大踏步地发展？我们的社会又怎么能不和谐？①

在上述案例中，主人公告诉我们：浙商企业的发展源自普通员工的智慧，社会发展源自多元主体（包括企业）的创造力和向心力。改革开放 40 年来，中国之所以能够成为世界上举足轻重的经济体，是因为有"老百姓的智慧"，有老百姓的爱国、敬业、奉献等品质，有浙商参与公益中蕴含的理智德性与道德德性之融合。

在某种意义上来说，对于劳动人民而言，美德不是被讨论的，而是行动着的。而作为大虎打火机有限公司企业主的周大虎为老百姓"代言"，体现出企业发展到一定程度上的道德自觉。

5.2.3　美德元素彰显在共同福祉的创造中

亚里士多德认为，每种存在物都有自己存在的目的，每种较高级的生命的

---

① 袁亚平：《行走天下——浙商新形态》，浙江文艺出版社 2013 年版，第 144—145 页。

最终完善状态就在于它的种属不同于其他低等生命物的特有活动，以及那种活动蕴含的目的。理性是"人与禽兽之别"，是人特有的活动，被亚里士多德称之为实践的生命活动。但是，亚里士多德贬低从事具体职业的活动，并在社会各阶层中区分出等级秩序。他认为，在最完美的社会生活中，人们将使其他一切事务都服从于那种最完美的活动，服从于对永恒真理的思索、对永驻事物的关注。

马克思主义伦理学恰恰突出"体力劳动"，没有这种劳动，就没有见之于活动的自由。美国马克思主义伦理学研究者艾伦·纳赛尔在《马克思的伦理人类学》一书中评论道："只有当人的（自然）功能首先被确定时，人的善、福祉或幸福这种一般概念才能被赋予一种具体的意义。……人的善将终其一生存在于他的功能发挥之中，他特有的人类力量的运用之中。"①

研究发现，改革开放 40 年来，浙商通过自觉参与公益，将"善"的功能发挥体现在自觉行动中，体现在共同体福祉的创造之中。

案例　公益之路满手留玫瑰芳香

银行给很多人的印象也许是冷冰冰的地板和干净到反光的玻璃，很难与"温暖"这两个字联系到一起。但是萧山就有这么一家银行，一直在公益的温暖道路上越走越远。浙商银行杭州萧山支行自成立以来一直以"体育＋公益"的企业文化为载体，坚持服务和回馈社会，践行着自己的社会责任。而这一切，都离不开一个人：浙商银行萧山支行办公室主任——曹蔚芬。

"在我最需要的时候，阿姨，是您伸出无私的双手，是您的关爱让我的生活多了一份保障，鼓励我更好地学习和生活。"张天鹏是云南会泽县上村乡上村小学的学生，他的父亲在一场车祸中去世，让原本清苦的家庭更是雪上加霜。他是浙商银行萧山支行爱心小分队 2012 年到云南资助的学生之一。而他也只是曹蔚芬资助的学生当中的一个。2005 年的一天，曹蔚芬从报纸上看到，衢州兴华中学寻找贫困学生资助者的信息后，决定资助两名学生完成从高中到大学的

---

① Alan G N. "Marx's Ethical Anthropology". *Philosophy and Phenonenological Research*, 1975, Vol. 35(6), pp. 485-500.

全部费用,从此她打开了生命中公益的这扇大门。"我当时的想法挺简单的,就是觉得两个孩子成绩那么优秀,如果能接受更多的教育,就能走出大山,走入一个更为宽广的世界。"多年来,曹蔚芬和浙商银行萧山支行一起成长,每年持续组织开展各类公益活动。她说:"公益已经成为行里的一种文化。"到 2016 年年初,她累计个人资助贫困学生的费用已经达 6 万多元,她更是参与策划了浙商银行萧山支行多场大型公益活动。从"让爱伴你回家,浙商银行寻找江西籍民工",到援建衢州开化爱心学校;从云南曲靖上村"同在蓝天下"关爱留守儿童公益活动,到衢州上余乡慰问当地留守儿童;等等。在 10 多年中,曹蔚芬踏踏实实地走在公益的道路上。浙商银行萧山支行的多项活动被国内多家媒体广泛报道,使浙商银行赢得了社会各界的广泛赞誉,她本人也被中国银行业授予"学雷锋标兵"称号。

"公益,不仅仅是简单的捐赠和给予。"这是曹蔚芬参加公益多年最大的感悟。对她来说,公益是亲力亲为,是确保物资能真正地送到需要的人手中,更是感其所感,想其所想,真正见到需要帮助的人,才能架起心灵沟通的爱心桥梁。对曹蔚芬来说,公益是她工作以外想长期坚持的一项事业。这不仅仅需要一腔热血,更要恒久的耐心。5 年前,她带着浙商银行萧山支行的同事,到云南曲靖上村乡看望和资助贫困留守儿童,从此,青青大山里便有了她满心的牵挂。2016 年 10 月,她利用自己的年休假期,重返故地,做了一回志愿者乡村教师。她天不亮便开车从萧山出发去云南,在进山时,崎岖的山路和打滑的车轮也曾让她在陡峭的山崖上忧心不已,但是当见到了那些需要帮助的孩子时,她便忘了这一切困难,全身心地投入志愿者的工作当中。为了让更多人关注这些需要帮助的孩子,在结束了一天忙碌而劳累的志愿者工作后,即使在深夜 11 点半,曹蔚芬也会坚持在朋友圈写日记,希望自己的朋友们也可以加入公益的队伍。一个人的力量是有限的,曹蔚芬不放过遇到的任何一个人,任何一次机会,去宣传公益。在她的鼓励下,身边越来越多的人加入到了公益的队伍中。比起单纯地做捐助来说,她觉得激发出大家心里的善意更具有意义。

赠人玫瑰,手留余香。做公益,付出的同时,也有收获。看着自己资助的孩子们考上大学,毕业,工作,收获爱情,曹蔚芬感到自己又多了几个孩子,收获了可贵的亲情。在她看来,公益并没有那么难,也不是某一个人、某一群人的事。

而用自己的力量,做一些力所能及的事,做一些美好的事,那么就能让自己的生活和这个社会变得更好。①

"赠人玫瑰,手留余香",表达出德性论的幸福不同于功利论的幸福。德性论的幸福不是个体感觉的幸福,而是创造共同福祉的幸福。"eudaimonia"是亚里士多德德性伦理学的核心概念。包尔生指出,其不同于英文的"Happiness"。美国伦理学者朱莉娅·安娜斯(Julia Annas)认为,其内涵更接近于"Flourishing",有繁荣、兴旺、发达、幸福等意蕴。另一位美国伦理学者玛莎·努斯鲍姆在《福祉的脆弱性》(*The Fragility of Goodness*)一书中,则对人类好的生活、福祉和人类的繁荣昌盛寄予了深切关注。书名中的Goodness,就是指亚里士多德的*eudaimonia*,是指人的"良好生活状态"(Well-Being),而这都有赖于"人类生活的繁荣"(Flourishing of Human Life)。综上,"福祉"表征着特定共同体的繁荣景象。

在一定意义上讲,"eudaimonia"更接近中国文化传统中的"福"。在浙商参与公益中,德性是个体的,也是共同体的——只有共同体的才是个体的,只有一起实现幸福才是"享福"。可见,较之古代德性论,较之一般意义上的"自我实现",浙商参与公益更加突出在社会主义大家庭中,在命运勾连与情感牵系中共同创造美好生活。

5.3 浙商参与公益应实现契约精神与美德力量的互补

西方契约论与德性论往往各执一词。美国伦理学家麦金泰尔曾断言:规范伦理学作为"现代性道德谋划"将彻底失败。然而,如果有这样一种"谋划",还不能宣告其"失败",毋宁称之为"受挫"。美德伦理学的复兴实际上是对规范伦理学的援补,两者内外互补。从学理角度来看,随着改革开放

①　浙商银行:《十年余公益之路　满手留玫瑰芳香》,搜狐网,2017年9月25日,http://www.sohu.com/a/194405307_114731.

40 年来的时代发展，浙商参与公益应不断合理地吸收契约论与德性论的元素。 当然，也应随着时代发展，更好地实现契约精神与美德力量的互补。

5.3.1 参与公益需增强社会主义契约精神

在资本主义社会，契约论所诉诸的平等意志，在现实中却沦为只有最强势力独占上风的意志。 因此，我们必须关注契约得以存在的另一个事实：契约若要避免自由意志的随意性，依然需要担保和保护，契约的庄严性并未被彻底消除。 换言之，在现代社会中，罗马社会中的那种需要巫术和神圣过程才能得到保护的契约，即要式契约的形态，虽因世俗化的过程驱逐了神灵的位置，却依然需要确立双重的约束关系。 任何合意契约的达成，单靠交互的意志共识都是不充分的，还需要依靠一种超个体意志的存在作为最终的根据。 正如涂尔干所指：即使古老的神灵退了场，也必须有一种更高的自成一类的存在作为契约的终极担保人出场，合意契约才能具有要式契约的条件，从而得以持续有效地存在。 也只有这样，才能形成一种新的公平契约。 公平契约的出现，将使整个财产制度发生转变。 它彻底驳斥了所谓财产依继承作为其主要来源的看法，从而直接对整个社会的权利结构及人的权利观念产生了重大影响：公平要求我们不能以低于其价值的方式去估价人们所提供或交换的服务。 这意味着人们所得到的任何价值都必须等于他们所提供的服务。 一旦出现不等同的情况，即意味着特权所享有的超额价值必来自他人的劳动，而非其自己的劳动，这恰是他人被其非法剥夺的部分。 因此，只有当人们之间物的分配对应于每个人的社会应得时，这种分配才会是公平的分配；只有当每个人的财产对应于他所提供的社会服务时，他才真正明确了自身的权利和义务。 只有这样，个人才会超越自身的个别意志而成为社会的存在，也获得了更多的同情和善意，因为他通过社会分配确认了自身的主体身份，而成了真正意义上的道德体。

公平契约的实质含义是契约所规定的人的权利和义务，并非单纯是由契约当事人双方合意决定的，而是由整个社会就保持和维护全体利益和价值而形成的分配机制来决定的。 契约中意志的自由，必须先分有社会存在的内容，获得道德属性，才能成为真正的自由。 涂尔干指出，在人类行为的道德中，往往存在着两种义务：一种是公平决定的义务，另一种是仁爱决定的义务。 虽说公平是一种依照法律或制度之规定而产生的社会效应，同时也必须植根于"同情"这一情感法则之中。 契约的同情基础有两个：一是对那些付出大于所得、服务没有得到补偿的人提供社会情感的支持；二是对于所有先在不平等的状态下的人给予一种情感的平衡，确保每个人都获得平等社会的情感结构。 对于那些因个人禀赋和功德的差异而形成的现实的不平等，必须依靠仁爱这种人类的情感本原加以超越。 这是一种基于人之社会性本身发育而成的大同情感，可减小"一切从遗传获得的天赋和心力"所造成的差别。 大同情感中的仁爱是一种神圣性的同情，是基于人类的普遍性而形成的对于现存世界的情感超越。

　　然而，在资本主义生产方式中，不可能达成真正公平的契约。 这就导致涂尔干最终诉诸"人性的宗教维度"来约束意志的自由活动，并据此为契约确立公平的最终根据。 以罗尔斯为代表的现代契约论之所以能够做出"正义"的推演，是因为其理论原点是"相互冷淡"的个体。 然而，正如麦金太尔所言，在确定生活方式的时候，我们都把自己的处境当作是在承载某种特定的社会身份，获取对"我"有益的事物必然要求角色担当。 加拿大学者威尔·金里卡对此表述道："只有在社会角色之中而不是之外，才能够实现自我决定。因此，要尊重我们的自我决定，国家就不能使我们跳出自己的社会角色，而应该鼓励我们更专注于自己的社会角色并对它有更深的领悟——这就是'公益政治学'所欲以实现的目标。"①然而，只有在进步的生产关系中才能自由自觉地支配社会关系，为每一共同体成员立法，才能在契约关系中产生内在的道德平等。

　　马克思主义伦理学更以历史唯物主义为根本方法，对契约论进行了批判。有学者指出："从伦理道德的角度，把正义当作去恶求善的道德规范来看待，不过道德是阶级的道德，反映了特定社会的经济活动，没有永恒的正义或自然

---

① 　Will K. *Contemporary Political Philosophy*，Oxford University Press，2002，p. 222.

的正义可言。"①因为任何类型的公正都需要一定的历史依据,无论是古典契约论还是现代契约论,均缺少将"自由""平等""权利"等抽象原则放到一定的社会关系中加以辩证考察的眼光。也正如涂尔干所言:"人们在法定权利中引入了一种变化,由此产生的约束关系也就具有了契约的性质。不过,这些约束关系并不是意志共识的产物,就此而言,依然不存在真正意义上的契约。……只要契约当事人还没有把他们的血液混合起来,还没有围坐在同一张桌子旁,他们就仍然可以随意撤销他们的决定。这样,单纯宣布意志就没有什么效力可言了。"②因此,只有在进步的生产关系中才能真正形成合意契约。

从改革开放 40 年的历史演进方向来看,浙商参与公益应在契约达成过程中,实现从"交换主体"向"交往主体"的提升;契约双方所尊重的应该是人的价值,而非物的价值。于是,浙商参与公益不仅是交换主体达成的"交易",也不仅是实现契约论所谓主体的"合意",更是反映先进生产力的发展方向,造福于人类命运共同体的根本利益,从而展露出社会主义契约精神。

案例　在战略合作协议中做改革开放的弄潮儿

在实现中华民族伟大复兴的过程中,浙商是一个勇于寻梦的群体,是一个敢于追梦的群体,也是一个善于造梦的群体,浙商不但是浙江改革开放的先行者,也是世界经济发展的弄潮儿。传化集团与萧山区政府、英国怡和集团下属 Hongkong Land 正式签署战略合作协议,三方将共同打造中英产业新城。中英产业新城规划总投资达千亿元级,计划引入人工智能、高端研发、金融服务、智能制造、教育等英国及世界高端的产业资源,其将成为现代化国际城区的标志性项目之一。

敢为人先一直是浙商身上的一个符号。创业 31 年来,从打造国际化的化工供应链体系、首创公路港物流模式,再到如今牵线建设中英产业新城,无不体

---

① 臧峰宇:《马克思政治哲学引论——以人学为视角的当代解读》,《伦理学研究》2010年第 3 期。

② [法]爱弥尔·涂尔干:《职业伦理与公民道德》,上海人民出版社 2006 年版,第 147 页。

现了传化集团敢为人先的胆识魄力、善于创新的本领能力。改革的目的就是更好地创新和实干。对企业而言,改革创新是企业发展的第一动力。2016 年,"传化股份"正式更名为"传化智联","智"是智慧,"联"是互联。传化集团董事长徐冠巨提出,要构建连接全行业生态资源、全业务场景,构建全网智慧协作的传化网。现在,这张"智慧网"已跟随"长江经济带""京津冀协同发展"等国家战略遍布全国,并带动其他各产业同步推进开放、共享、共生、连接的大平台和大生态建设。变革和创新不仅体现在发展理念上,还应体现在企业经营和管理上。物产中大集团作为目前国内最大的大宗商品集成服务商之一,连续 7 年跻身"世界 500 强"。但在企业成立之初,身处"资源小省"的浙江,没有特殊政策,没有进入门槛,没有垄断资源,同样举步维艰。"唯有改革方有出路,物产中大集团就是通过多次混合所有制改革实践,才确定了市场主体地位。"物产中大集团董事长王挺革说,改革基因在当年改制时就已嵌入。

改革无止境,企业发展不停步。2016 年,物产中大集团成为省内首个完成混合所有制改革并实现整体上市的国有企业。"对于我们来说,虽然已经建立了'股权多元+法人治理结构+科学组织设置+科学企业典章+党的政治核心作用'的中国式现代企业制度,但是我们还要继续沿着深化改革的道路走下去。"王挺革说,展望未来,物产中大集团仍将不忘初心,砥砺奋进,加快实施"流通 4.0",深耕二次混合所有制改革,致力于打造具有国际竞争力的产业生态组织者。①

在上述案例中可以发现,浙商参与了多项事关国家发展战略的行动计划,在企业发展过程中助推大改革大开放进程。但是,这种参与不是通过"找市长"而是"找市场"(当然,从企业主体的发展角度来说,为了营造公正合理的经商环境,必要时还得"找市长",但是这不同于权力寻租式的"托关系"),而是在社会主义制度下订立契约。也就是说,构建契约的社会前提是合作的共同体,该共同体不是博弈场所,而是一个公平的合作平台。

罗尔斯鲜明地指出,对政治正义之构想,就是勾勒出"正义"与"公益"

---

① 浙江网络广播电视台:《世界浙商大会的两张获奖榜单 原来都有这些共同点》,新蓝网,2017 年 12 月 1 日,http://n.cztv.com/news/12750115.html。

诸原则、诸理念："在民主制度中，公民们注意到，政党的领袖在争取足够数量的多数选民时也会受到某些正义原则和'公益'的约束，至少在涉及他们的明确的公共政治计划时是如此。"①在上述案例中，浙商与外资签署战略合作协议，共享资源和经济发展成果，为的是实现建设中国特色社会主义经济——这是社会主义的契约精神，它具有实现中华民族伟大复兴的中国梦的时代高度。当然，在中国特色社会主义新时代，在浙商参与公益中的这种社会主义契约精神须进一步弘扬。

5.3.2　参与公益需匹配社会主义价值取向

西方式的参与公益基于资本主义的"德性"，必须加以批判。马克思、恩格斯深入研究各个时期各个群体所处的地位，对描述"德性"的概念进行历史考察。他们的研究结论是在贵族统治时期占统治地位的概念"荣誉""忠诚"等德性，以及在资产阶级统治时期占统治地位的概念"自由""平等"等德性，不过是一部分人为自己编造出来的诸如此类的幻想。至资本主义时代，如果说古典的资本家谴责个人消费，从而体现出为了积累而"节制"，那么现代的资本家却能把积累看作是对自己的享受冲动的"禁欲"。同时，已经习以为常的挥霍，作为炫耀富有从而取得信贷的手段，甚至成了"不幸的"资本家营业时的一种必要，奢侈被列为资本的交际费用。在《资本论》（第1卷）中，马克思揭示了资本的积累过程并指出，资本家的挥霍不像地主那样直截了当，而是在其背后隐藏着贪欲和小盘算，并且会考虑到积累程度。也正因如此，"在资本家个人的崇高的心胸中同时展开了积累欲和享受欲之间的浮士德式的冲突"②。——这才是真正的"新教伦理"，这才是真正的"资本主义精神"。

可见，马克斯·韦伯所谓的"资本主义精神"，终究是以"资本"为本位的。甚至在资本主义社会，连美德也变得商品化了。所谓的资本主义"慈

---

① Samuel F：*Lectures on the History of Political Philosophy*，Cambridge，Massachusetts：Harvard University Press，2007，p. 8.

② 中共中央马克思恩格斯列宁斯大林著作编译局：《马克思恩格斯文集》（第5卷），人民出版社 2009 年版，第 685 页。

善",成为恩格斯在《英国工人阶级状况》中的批判对象——上层人士先"吸血"再"输血",是伪善的恩人姿态:"这种善行使施者比受者更加人格扫地;这种善行使得被蹂躏的人受到更大的欺凌,它要求那些失去人的尊严、受到社会排挤的贱民放弃他最后的一点东西,放弃对人的尊严的要求;这种善行在大发慈悲用施舍物给不幸的人打上被唾弃的烙印以前,还要不幸的人去乞求它的恩赐!"①退一步说,"慈善"或许表明某些人的善良,但是却无法改变资本主义社会的基本运行规则。而正是以资本为权力的基本运行规则,决定了人际关系准则。

社会主义公益理应超越资本主义慈善,从而具有"红色慈善"色彩。进而言之,共同富裕是社会主义社会的根本目标,公益事业因而纳入中国特色社会主义总体事业中。在中国特色社会主义新时代,浙商通过切实的"精准扶贫",体现出从简单慈善向社会主义公益提升的发展方向。

案例　一家东部券商与红色贫困县的同频共振

群山连绵,云遮雾罩,冬日的皖西南农村有股浸透衣衫的凉意,从蜿蜒的盘山公路转下来,茂盛的草木长于路旁,经过翠林幽山,小城岳西便近在眼前。做好脱贫工作,是这个小城现在的头号任务——其实不只是岳西县,对全国的 592 个贫困县而言也是如此,本地的扶贫工作及外来的扶贫力量所带来的同频共振正在产生效应。

扶贫开发正进入啃硬骨头、攻坚拔寨的冲刺期。2016 年 11 月 28 日,习近平总书记在中央扶贫开发工作会议上提出,到 2020 年所有贫困地区和贫困人口将一道迈入全面小康社会。在这次会议上,中央提出,要鼓励金融机构创新金融扶贫产品和服务,引导资金、人才、技术、管理等各种要素向贫困地区聚集。证监会扶贫名单上所列的 592 个贫困县,都来自全国经济欠发达省份。证监会发文后,扶贫在证券圈成了重要工作之一,以浙商证券为例,其成立了扶贫工作委员会和扶贫工作执行小组,由公司总裁和党委书记亲自挂帅。"江浙已没有

---

①　中共中央马克思恩格斯列宁斯大林著作编译局:《马克思恩格斯全集》(第 2 卷),人民出版社 1957 年版,第 566—567 页。

国家级贫困县,西北地区的很多贫困县跟杭州距离太远,显然扶贫工作不好开展,在选择帮扶点上,我们圈定的是江西和安徽两个省的贫困县。"浙商证券总裁助理、扶贫工作执行小组副组长李向阳告诉《时代周报》记者。之所以选择帮扶岳西县,除纯山区、国家级生态示范区、生态功能区的标签外,尤为重要的是,岳西县在革命年代是鄂豫皖根据地重点地区之一,红十一军、红二十七军、红二十八军及红四方面军先后在此休整转战;为中国革命事业,岳西有超过 3 万人牺牲。而浙商证券另一个结对扶贫县江西上饶县也同样是革命老区。

"岳西是红色县,支援革命老区和大别山连片贫困区是响应中央精神,自然是最佳选择,为的是做好'一司多县'精准扶贫工作。"浙商证券总裁吴承根并不讳言选择岳西县扶贫的原因。2016 年 11 月 10 日,浙商证券与岳西县签订了扶贫合作战略协议。在当天的会谈中,浙商证券总裁吴承根说:"我们会积极开展与岳西县的合作,落实习总书记提出的绿水青山就是金山银山,既要金山银山,又要绿水青山,把岳西绿水青山变成金山银山。"……就安徽而言,该省要求对贫困县党政正职要保持稳定,做到不脱贫不调整、不摘帽不调岗,脱贫摘帽后仍要保持稳定一段时间;对表现特别优秀、实绩特别突出的贫困县党政正职,可提拔担任上一级领导职务,但仍要继续兼任现职。……在 12 月 18 日的岳西农林企业调研路上,浙商证券扶贫工作组成员周为军与县商务局副局长胡岳武交流之后,话题落到了电商扶贫上。"我们现在最关心的是,怎么把农民的土特产卖出去,怎么帮助农民增收。"胡岳武说道。周为军表态说,浙商证券早就计划帮助岳西的农民销售农产品和发展产业,除引进外来的杭州电商企业"青牛农场"外,也包括考虑采购当地的农副产品,即通过消费扶贫。

随着浙商证券的到来,金融扶贫成了岳西各级领导关心的焦点。杨效东说:"县里领导专门叮嘱,要和浙商证券多沟通。"在扶贫工作座谈会上,周为军跟杨效东说:"扶贫这事情是双方的事情,不能我们一头热,你们一头冷,我们把资源引进岳西,你们得跟我们同频共振,搞好激励机制,信息透明,让企业和公众参与。"①

---

① 时代周报:《浙商证券精准扶贫工作》,搜狐网,2016 年 12 月 29 日,http://www.sohu.com/a/122942068_481857。

德性是卓越。 在上述案例中，"精准扶贫"是在以公益为导向的共同体建构中，参与主体彰显出的真正卓越的美德。 一家东部券商之所以能够与红色贫困县"同频共振"，乃是因为共同践行了社会主义核心价值观。

马克思曾提出了实现美德"卓越"的条件："并不是为了获得剩余劳动而缩减必要劳动时间，而是直接把社会必要劳动缩减到最低限度，那时，与此相适应，由于给所有人腾出了时间和创造了手段，个人会在艺术、科学等等方面得到发展。"①由此可知，真正的德性，是给一切人以美德成长空间；真正的卓越，是一切人在生产过程中的卓越。 虽然劳动不可能像傅立叶所希望的那样成为"游戏"，但是在更高的生产方式当中实现自由劳动，才能彰显劳动者的美德。 在此意义上，真正的公益是"双主体"的参与："自由时间——不论是闲暇时间还是从事较高级活动的时间——自然要把占有它的人变成另一主体，于是他作为这另一主体又加入直接生产过程。"②在此意义上，"精准扶贫"不只是经济的给予，更是相互激发在生产劳动中的创造精神。

5.3.3　契约精神与美德力量在公益实践中互补

从不同伦理思想方法出发，对如何理解"对"（Right，"正当"）与"好"（Good，"善"）这对概念也不同。 德性论伦理思想方法是先确定"善"，由"善"到"正当"；契约论则相反，认为"正当"可以独立于"善"，并且只有先确定了"正当"，才能有理由进一步谈论"善"。 综合言之，"对"与"好"构成一对矛盾，"把事情做对"与"做一个好人"相辅相成；"对"是"好"的前提和基础，"好"是"对"的价值和目的，两者辩证统一。 浙商参与公益扬弃了传统德性论及现代契约论，在重构契约中彰显出德性，从而试图实现两者之互补。

没有现代契约论伦理，传统德性论便会被曲解。 因此，浙商发展应注重建构平等主体的契约关系，敬畏对等的人格尊严，才能为"荣誉感"等德性提

---

① 中共中央马克思恩格斯列宁斯大林著作编译局：《马克思恩格斯全集》（第31卷），人民出版社1998年版，第101页。

② 中共中央马克思恩格斯列宁斯大林著作编译局：《马克思恩格斯全集》（第31卷），人民出版社1998年版，第108页。

供前提。 正如浙商郭广昌所言："浙商在海外投资要非常非常重视法律，我们去年光律师费就达 1 亿多元人民币。 一方面说明我们在律师费的控制和管理上还有空间，另一方面也表示这个钱的确也省不得。 以我在海外投资的经验来说，如果你把法律方面的事务全部交给外部律师，自己不去看关键条款是不对的，没有内部律师风险很大。 大家对国内的法律要有敬畏之心，对国外的法律更要有敬畏之心。 我们在国内投资，在中国发展，要爱这个国家、善待你的员工、善待你的客户；在国外更要善待当地的员工，要敬畏当地的法律，能够更多地为当地社区着想，融入当地社会。"①

同时，浙商参与公益体现出构造新型契约关系的意图，而新契约需要新德性。 因为德性是契约的内在生命，没有德性生长的契约是一纸空文。 契约论伦理思想方法重视程序正义，但有陷于形式伦理、背弃"实质伦理"之可能。 例如，在合乎"形式"的劳动契约关系中，买者一定会坚持自己的权利——尽量延长工作日；卖者也一定会坚持自己的权利——要求把工作日限制在一定的正常量内。 马克思在《资本论》（第 1 卷）中揭示了权利同权利相对抗的"二律背反"，而这两种权利都同样是契约（劳动合同）所承认的："这种情况对买者是一种特别的幸运，对卖者也绝不是不公平。"②在资本主义制度的框架内，在力量悬殊的"强—弱"关系对比中，契约作为对象性关系的表现形式，却无法为德性成长提供真实的共同根基。 为此，哈贝马斯在《交往行为理论》中试图把德性元素融入"程序正义"思想中："主体间通过交往达成共识，其共性在于：规范的一致性、共享命题知识及相互信任对方的真诚性。"③由此观之，有效契约要符合社会世界的正确性，要符合客观世界的真实性，要符合主观世界的真诚性。 "主观世界的真诚性"这一德性论元素，被视为有效契约的要件。 由此可见，随着改革开放的进展与社会主义市场经

---

① 郭广昌：《家国情怀，对法敬畏，做负责任的世界公民》，传送门，2016 年 7 月 26 日，http://chuansong.me/n/463259145169。

② 中共中央马克思恩格斯列宁斯大林著作编译局：《马克思恩格斯文集》（第 5 卷），人民出版社 2009 年版，第 226 页。

③ ［德］尤尔根·哈贝马斯著，曹卫东译：《交往行为理论》，世纪出版集团 2004 年版，第 293 页。

济体制的成熟与完善，浙商群体越来越强调诚信，乃是历史与逻辑的必然。

在中国特色社会主义制度下，浙商参与公益应在吸收契约精神的情况下，更将美德纳入考量中。正如麦金太尔在《依赖性的理性动物》中，提出要在各种对立的道德学说（德性论与契约论等）之间达成和解，就必须承认人的脆弱、无助与依赖性，建构"给予与接受社会关系网络"（Networks of Relationships of Giving and Receiving），进而养成"公正""慷慨""仁爱"等德性，从而一道通达"公益"。这种关系化网络是重构契约的策源地，也是重建德性的成长地。这就一方面要把人变成共同体的成员，变成相互依赖的拥有美德的个体；另一方面，也要使人成为美德公民，使集体成为道德法人。

案例　财富回馈社会的道德约定

鲁冠球又获一项殊荣：时代领跑者——中华人民共和国成立以来最具影响力的劳动模范。这是名至实归的。鲁冠球掌门的万向集团，不仅在全国民营企业中一路领跑，而且在公益慈善事业上也走在前列。早在20世纪80年代初，万向集团就开始捐资办学。据不完全统计，迄今万向集团在公益慈善事业上的投入已超过了1.6亿元，受惠群众遍及浙江54个县（市）和四川、陕西、甘肃、重庆等4个省（市）。新闻媒体对万向集团的报道数以千计，但万向集团对公益慈善事业一直低调，婉拒了众多记者对这方面的采访。对各类"慈善榜"公布的数字，万向集团从不评论，有关的评比万向集团也不参加。万向集团曾向汶川大地震受灾群众捐款1 540万元，向农业科技推广基金捐资2 000万元，向彩虹计划捐款100万元……宣传部门要组织报道，都被万向集团婉言谢绝了。

在萧山区宁围镇中心学校的校史上，记下了鲁冠球的第一笔捐资办学金：1984年，著名企业家鲁冠球个人捐资10万元，拉开了学校发展的序幕。1984年，因为承包的企业效益突出，乡里奖励给鲁冠球11.2万元。在当时，这绝对是一笔巨款。不过，鲁冠球做了一个让许多人无法理解的举动：拿出10万元建学校，1.2万元买了国库券。学校建成当天，时任省长薛驹亲自剪彩，并题写了校名。1986年，得知淳安的一个村校因为筹款不到位，建了一半无奈停工了。鲁冠球又动员厂里员工，筹款6万元，完成了校舍的建设工作。这只是鲁冠球和他的企业捐资助学的开始。此后 20 多年间,万向集团投入 1 500 多万元援建了浙江遂昌、苍南和重庆酉阳等山区 14 所中小学校。在鲁冠球看来,捐资办学是最好的扶贫和慈善途径。他坚信,知识能改变一个地区一个人的命运,他乐此不疲。鲁冠球办学还有一个特点,他不是建了一个"壳"(校舍)就完事,他还特别关心学校的教育水平和教育质量。他说:"如果做一个商业投资,失败了最多是钱没了;如果办学失败了,那就可能毁了一代人。"重庆涪陵清溪小学就是由万向集团捐资建成的,在当地美誉度颇高,年年被县教育局评为先进。为了吸引和奖励教师,万向集团给他们加工资,发过节费,优秀的给予奖励。消息一出,许多优秀教师纷纷申请调入该小学任教。由于申请的人数实在太多,最后县委不得不做出决定:教师调入该校,必须经县委批准。

中国企业家的善举屡见不鲜,但如何找到一条适合自己的慈善之路呢?"有水平的人,先有目标再去做;我水平不高,只能一边做一边摸索。"鲁冠球说。2006 年,"四个一百"(资助 100 名孤儿成长、100 名特困生读书、100 名残疾儿童生活和 100 名孤老养老)扩展到"四个一千",受助人员遍及浙江 54 个县(市)。万向慈善基金会负责人告诉我们,这种捐助不是给一笔钱就完事,而是负责到底。例如对于孤儿、残疾儿童,只要他们能考上,将一直资助其到大学毕业,而且每年的资助金额会有一个动态变化,小学生 2 000 元/年,初中生 2 400 元/年,高中生 3 400 元/年,大学生 5 000 元/年;如果一个受助对象从小学一年级开始受助,一直到大学毕业,他的受助总额将达到 5 万元。孤老则按 1 800 元/年的标准进行资助直至养老送终。

值得一提的是,相对于有的企业要求资助对象必须"品学兼优""高考分数达本科以上"等,万向集团的助学没有任何附带条件,也不求任何回报,"贫困"是唯一标准。"在确定具体资助对象时,我们也从实际出发,比如孤儿也并非一定要父母双亡。"万向慈善基金会秘书处同志举了个例子,比如淳安的一个小女孩,父亲去世了,母亲瘫痪在床,"我们赶到这户人家家里,发现小女孩不仅要照顾自己,每天回家还要照顾母亲,非常懂事。像这样的情况,我们也让她享受和'孤儿'相同标准的资助。"2008 年汶川地震发生后,万向集团决定,提前一年在全国范围内开展"四个一万工程"(长期资助 10 000 名孤儿成长、10 000 名特困生读书、10 000 名残疾儿童生活、10 000 名孤老养老),并率先在四川、甘肃、陕西和重庆 4 个灾区启动。秘书处的同志给记者算了一笔账,如果"四个一万"工程全面实施,万向集团在慈善工程中的支出每年将达到 1 亿元。①

　　改革开放 40 年来,像万向集团一样的浙商企业将财富回馈社会,不仅体现出浙商企业家的个体美德,也成为一种约定俗成的群体性道德约定。 在此意义上,浙商参与公益具有鲜明的超越私有财产属性的社会主义价值追求。

　　从更深刻意义来讲,在个体德性的彰显中参与公益,乃是为了把人的世界和人的关系还给人自己。 正如马克思所指出的:"在被积极扬弃的私有财产的前提下,人如何生产人——他自己和别人,直接体现为他的个性的对象如何是他自己为别人的存在,同时是这个别人的存在,而且也是这个别人为他的存在。"②在中国特色社会主义新时代,浙商参与公益应进一步在新的"契约"制定中,通过现实的经验个体的劳动结成社会关系,成长为共同体中的公民;应在新的"德性"养成中,发掘出个体蕴藏着的"原有的力量",同时把这种力量组织成为社会力量,让个体成长为"大写的人"。

---

　　①　鲁冠球:《万向财富最后回馈社会》,腾讯网,2009 年 10 月 13 日,https://news.qq.com/a/20091013/001014.htm。

　　②　中共中央马克思恩格斯列宁斯大林著作编译局:《马克思恩格斯文集》(第 1 卷),人民出版社 2009 年版,第 187 页。

6 浙商参与公益方法论

从字面含义来看，公益姓"公"不姓"私"，而浙商姓"私"不姓"公"。然而通过前文的论述表明，一部改革开放以来的浙商发展史也是公益参与史。浙商的公私兼顾、公私相融、由私入公，在实践逻辑中有着深刻的理论逻辑——从中可以提炼出个体向共同体融入的参与公益方法论。改革开放 40 年来，经济体制改革在某种程度上意味着公共领域向个人主体开放，为个体参与公共事务提供了可能。作为浙商，固然体现出市场经济条件下对个体价值的认可和肯定，更体现出作为市场主体的"理性经济人"特征。然而，因为改革开放并没有改变社会主义制度属性，故在社会主义市场经济体制下，浙商通过参与公益体现出从自利性向公益性展开的方法路径。由此，在实现自身利益的同时具有对共同体福祉的关切，进而实现着从个体慈善到群体公益的转型。改革开放 40 年来浙商参与公益的过程，也是浙商"个众"达成个性与共性、刚与柔统一的"和合"过程。这个过程既是浙商企业家精神的释放过程，也是命运共同体的构建过程。浙商参与公益的实践即权力关系的创生，亦即个体通过实践调动资源与社会配置资源的同构。在此意义上讲，改革开放的伟大实践具有促使个体与共同体之间"解构"与"结构"的双重功能。

6.1　浙商参与公益认可个体价值

从词源学来考察，"个体"（Individuum）一词源于拉丁语，译自希腊语中所谓不可分的原子（*atomen*），用来指类似于原子的"单个个体"（*einzelwesen*）。与个体相关的重要范畴自我（Self）、自由（Freedom）、权利（Right）等。改革开放 40 年以来，思想解放的兴起不仅意味着对个体自我意识和独立人格的强调，更表达出伦理思想与社会体制的变革。正如有些学者指出的："改革开放之前的计划经济体制在那个时代有其合理性，却也'滋生'了种种不符合当前社会实际与客观规律的思想，制约、束缚着我们的思想锐气；不仅仅如此，近 100 年来的'西方取经'思路虽曾一度唤醒了古老而沉睡的中国，却也在越来越明显地限制、束缚着我们的理论创新。从制度上说，思想解放不是人们的思想不够解放、自由，而是因为人们思想受到不合时宜的社会性、体制性的束缚、限制。思想解放从来都不是纯粹发生在思想领域的，而是深刻地根植于社会现实，体现于制度改革与创新之中的。"①研究发现，浙商在参与公益中表达出对个体价值的肯定，从而做出重大的思想解放——个体从家族血缘共同体中分离出来是一种解放，通过个体之间的意义建构参与公益则是更大的解放。

6.1.1　在参与公益中养成现代公民

在历史进步的过程中，个体主义发挥了冲破意识形态屏蔽的重要作用，宣告人可以靠自己实现幸福和解决命运问题。在国家中，"个人"是具有"权利"与"义务"的公民；与之相悖的是，在公民社会中的"个体"却是利己的"私民"。马克思在《论犹太人问题》一书中对"公民"批判性承认："现实的人只有以利己的个体形象出现才能被承认，而真正的人只有以抽象的公民

---

① 刘同舫：《从思想解放走向人的解放》，《理论月刊》2009 年第 4 期。

形象出现才能被承认。"①尽管现代公民还未到"人类解放"那一度，但毕竟表达出一种"政治解放"。正如马克思在《论犹太人问题》一书中指出，"政治解放"是人的简约化，是使人的世界、人的各种关系回归于人自身的过程——"一方面把人归结为市民社会的成员，归结为利己的、独立的个体，另一方面把人归结为公民，归结为法人。"②

马克思主义伦理学认为，只有在承认个体劳动价值的基础上联合起来，才是更高级的"人类解放"。在个体意义上讲，人才不是"单个人所固有的抽象物"。因为在其现实性上，人才是在有需要、谋利益、能劳动、会说话的关系中的个体。改革开放 40 年来，思想解放推动着改革开放，改革开放推动着政治和社会解放。在某种意义上讲，改革开放 40 年来浙商参与公益的出发点就是"现实的个体"，是争取经济独立自由与彰显道德价值的个体。正如西方伦理学家涂尔干所言："个体主义不是理论：它存在于实践领域，而非思辨领域之中。若要成为真正意义上的个体主义，它必须将自身印刻在道德和社会制度上。"③在此意义上，承认浙商活生生的个体价值，就是承认改革开放 40 年之活的历史价值与道德价值。当然，不做历史的分析就不能正确认识浙商个体。历史地看，从"集体"到"个体"再到"共同体"，是历史的"洗礼"过程，亦即从"政治人"中分离出现代公民、从现代公民成长为"社会人"的过程。

案例　在建构"亲""清"政商关系中肩负责任

2016 年参加"两会"期间，习总书记关于"亲"和"清"的讲话非常鼓舞人心。"清"就是要清白、要清楚，反腐败是习总书记非常重视的工作。其实每个民营企业都希望我们的法律是阳光透明的，我们的政策是阳光透明的，因为只有阳

---

① 中共中央马克思恩格斯列宁斯大林著作编译局：《马克思恩格斯文集》（第 1 卷），人民出版社 2009 年版，第 45—46 页。
② 中共中央马克思恩格斯列宁斯大林著作编译局：《马克思恩格斯文集》（第 1 卷），人民出版社 2009 年版，第 46 页。
③ ［法］爱弥尔·涂尔干：《职业伦理与公民道德》，上海人民出版社 2006 年版，第 48 页。

光透明的政策、清清楚楚的规则,才利于民营企业的发展和竞争,很多民营企业负责人一直在说,我们不需要特殊优惠政策,我们就需要公平竞争、清清楚楚的环境。所以这个"清"是毋庸置疑的,但我觉得习总书记说这番话更重要的是,着眼于另外一个"亲"字。

我在"两会"上做了个发言,表示"清白"之后是可能"亲"的,这个可能性在哪里?其实讲到底就是我们得有家国情怀。我相信我们浙商都有浙商的情怀,都热爱自己浙江的老家;推而广之,我们都爱中国这个国家,我们都有家国情怀。相信我们大部分人赚了钱之后,不仅仅是想让自己的家人生活得更好,还会想到的是让我们的员工生活得更好,还会想到的是我们能够为社区做什么,更会想到的是能为这个国家做什么。我认识一些很有家国情怀的官员,他们想的是在他们的管辖范围里面,能不能为企业做点什么,为老百姓做点什么。这些人代表了大多数人,作为一个官员也好,一个企业家也好,他们有责任感,有对员工、对国家的关切之心,这种精神才是源源不断去努力的动力。钱总是有限的,对家国的爱是没有尽头的,我认为习总书记说那两个字应该是这样的一种情怀。

我们浙商一步步走到今天,已经不是简单地在打造一个企业了,我们更多的是要为我们服务的客户、社群带来更多的福利。我们希望做全球的负责任的公民,浙商从来都不是土豪,浙商从来都是有品位的,浙商从来都是在学习和提高自己的,浙商从来都是有世界眼光的。虽然我们是从草根一步步走出来的,但我们对自己的期许绝对不会低,绝对不是只想把家里搞好就行,我们都有一颗为社会多做点事情的心,这种事不仅仅是就业或贡献财富,也包括对法律的一份尊重、一份理解。所以借此机会跟大家共勉,希望在未来我们一起做得更好、做得更安全,让我们的生活也更幸福。①

在上述案例中,主人公表达出现代浙商与政府关系的定位:既"清"又"亲",在"清"的基础上"亲"——"更多的是要为我们服务的客户、社群

---

① 　郭广昌:《家国情怀,对法敬畏,做负责任的世界公民》,传送门,2016 年 7 月 26 日,http://chuansong.me/n/463259145169。

带来更多的福利。 我们希望做全球的负责任的公民。"①从而表达出改革开放以来崛起的新浙商,已经具有不同于传统商帮的特质,那就是凸显现代公民的"个体"。

改革开放 40 年来,伴随着"个体"的诞生,具有平等主体的"利己的人"也出现了。 然而,最初这些"利己的人"的出现,具有冲破旧观念、旧体制的时代意义。 因此,要使政商关系"清",必须坚持并进一步培养浙商的现代公民"个体"意识,不找"市长"找"市场"。 托克维尔的一段话可以作为对浙商现代公民素养的很好注解:"这些人的财富和权力虽然不足以对其同胞的命运发生重大影响,但他们拥有或保有的知识和财力,却可以满足自己的需要。 这些人无所负于人,也可以说无所求于人。 他们习惯于独立思考,认为自己的整个命运只操于自己手里。"②然而同时也要注意到,浙商发展并不是简单地承认现存的"个体",而是生成经过否定自身、在参与共同体公益中成长起来的现代公民。 在此意义上讲,从"政治解放"到"人的解放",需要浙商自觉参与公益使"个人""个体""公民"合成为"共同体",政商关系因此而"亲"起来。

6.1.2　在参与公益中实现积极自由

习近平总书记在描述 40 年改革开放的中国力量时深刻指出:"中国人民坚持解放思想、实事求是,实现解放思想和改革开放相互激荡、观念创新和实践探索相互促进,充分显示了思想引领的强大力量。"③改革开放以来取得历史性成就的思想根源,在于解放思想,从而冲破旧观念的束缚,让人们作为理性主体进行自由思考。 从某种意义上可以说,解放思想就是让理性主体自由地进行思想。 换言之,思想解放就是唤醒主体的思想自由。 当然,解放思想绝不是无的放矢地胡思乱想,而是从实际出发,根据社会的发展变化进行独立

①　郭广昌:《家国情怀,对法敬畏,做负责任的世界公民》,传送门,2016 年 7 月 26 日,http://chuansong.me/n/463259145169。
②　[法]托克维尔著,董果良译:《论美国的民主》,商务印书馆 1988 年版,第 600 页。
③　学习中国:《习近平这样描述 40 年改革开放的中国力量》,中国新闻网,2018 年 4 月 13 日,http://www.chinanews.com/gn/2018/04-13/8490386.shtml。

自由的思考，使思想观念与社会进步方向相耦合。

改革开放以来，中国共产党重新确立了解放思想、实事求是的思想路线，实现了从计划经济体制到社会主义市场经济体制的转型。浙商是这场大变革的亲历者、重要参与者和推动者，这场大变革也解放了浙商的商业灵性与财富自由。

西方学者以赛亚·伯林厘清了两种自由概念："积极自由"是"主动"意义上的自由，"消极自由"是"被动"意义上的自由。研究发现，浙商参与公益体现出在"消极自由"的基础上实现"积极自由"的思想进路。

一方面，浙商虽然掌握着一定的生产资料，但并没有凭借某种"所有权"干涉个体自由，而恰恰彰显着主体性自由。也就是贯彻马克思在《1844 年经济学哲学手稿》（笔记本Ⅲ）中提出的思想："任何一个存在物只有当它用自己的双脚站立的时候，才认为自己是独立的，而且只有当它依靠自己而存在的时候，他才是用自己的双脚站立的。靠别人恩典为生的人，把自己看成是一个从属的存在物。"[①]靠别人"恩典"的人是靠别人维持自己生活的人，是自由创造性受别人决定的人，也就是无法做出自我决定的人。浙商参与公益强调个体不被支配，体现出实现"消极自由"的思想方法。

另一方面，浙商的经济活动自由又是有意识塑造自我与奉献社会的"积极自由"。马克思、恩格斯在《神圣家族，或对批判的批判所做的批判》中讲道："从唯物主义意义上来说人是不自由的，就是说，既然人不是由于有逃避某种事物的消极力量，而是由于有表现本身的真正个性的积极力量才得到自由。"[②]如此看来，浙商参与公益应该展示自己的积极力量，从而成为能够自我决定的自由人。

研究发现，浙商群体依靠集体力量体现出来的浙商精神，内在蕴含着浓厚的闯劲。浙商精神不仅延续了经纶实务的思想文化传统，而且有敢作敢为和敢为天下先的精神。在此意义上讲，浙商参与公益中的个体自由不是超验的

---

① 中共中央马克思恩格斯列宁斯大林著作编译局：《马克思恩格斯文集》（第 1 卷），人民出版社 2009 年版，第 195 页。

② 中共中央马克思恩格斯列宁斯大林著作编译局：《马克思恩格斯文集》（第 1 卷），人民出版社 2009 年版，第 335 页。

形而上学，而是具有现实历史性的。

案例　共享经济引领杭州消费升级

大众创业，万众创新。杭州是属于创客们创业创新的摇篮。青春、激情、梦想，是属于创客们的标签。

2017 年 12 月 10 日，杭州下城区延安路启动了共享单车"电子围栏"试点，在延安路 1.3 千米的范围内施划了 38 处"电子围栏"，引导消费者将共享单车停进"电子围栏"内。据介绍，"电子围栏"技术借助了北斗导航卫星定位技术，政府部门通过后台程序可实时掌握停车区域内共享单车的数量、状态、位置及各区间的流量等信息，为车辆投放、调度和运维提供智能指引。同时，每辆共享单车都有定位系统，也能准确感应车辆是否停在指定位置里。此次"电子围栏"技术在杭州试点，ofo 带头配合政府进行数据调试，摩拜和 hellobike 也相继接入数据，3 家平台共同参与试点，这在全国还是先例。"一个月以来，ofo 小黄车的技术人员积极配合政府部门进行数据调试和互通，并将 ofo 在其他城市的成功经验分享给其他企业，在大家的共同努力下，'电子围栏'的试点得以在延安路上线。"ofo 小黄车杭州城市经理沈锋认为，"电子围栏"技术要想落地实施，光有技术还不够，企业的线下运营能力也得同步跟上。最近，不管打开哪一家共享单车 APP，都能看到一个蓝色字母"P"，用以推荐"电子围栏"停车位。如果没有将共享单车停到车位里，用户还会收到提醒短信。

去年的资本圈，没有什么比"共享"更火的了，滴滴和 Uber 就像普罗米修斯的火种一样，点燃了共享创业创新的激情，杭州也先后涌现出了共享充电宝、共享电瓶车、共享雨伞、共享公寓、共享车位等创业创新项目，几乎涵盖了人们生活的方方面面。说到共享，自然绕不开共享单车，从 ofo 到摩拜，再到哈罗、小鸣、骑呗、永安行等品牌，共享单车在城市的各个角落疯狂扩张。而在杭州，也是从原来的"一枝独秀"（公共自行车）到"百花争艳"。公开数字显示，杭州共享单车数量多达 41 万辆。

共享经济，是一种基于互联网、大数据、云计算、卫星实时定位等技术，将沉睡资源盘活的新经济模式。而在杭州，人们习惯网购，习惯手机支付，喜欢尝试新技术，且有成熟的公共自行车系统，加上资本的"推波助澜"，这些都成了共享单车快速扩张的土壤。"在日渐拥挤的城市,短距出行一直都是巨大痛点,公交、地铁、出租、私车都无法解决,共享单车将移动互联网和自行车结合了,用户只需手机扫码取车,随借随还,不用办卡,不用停车桩,芝麻信用超过 600 分甚至连押金都不要,几乎完美解决了城市'最后一公里'的困扰。"浙江工商大学社会工作系主任马良教授说。在他眼里,共享单车和杭州创业创新是相得益彰的,"比如,在支付宝开通了 ofo、哈罗单车、优拜单车等 10 多个共享单车的入口,而共享单车也给支付宝带来用户,在杭州这个互联网基因强大的城市,你永远不知道下一秒会发生什么。"

当然,共享单车仅仅是共享经济的一个形式。作为共享经济,其有一个共同的基础,那就是共享平台和人人参与,比如我们熟悉的滴滴、Airbnb、ofo 等,虽然它们在发展中还存在诸多不足,但向前看,每一次创新或变革,都是这样探索出来的。[1]

不容否认的是,各种共享单车公司之间的竞争,表征着"资本的逻辑"。而共享经济的伦理意蕴,乃是共同确立主体性自由,这也是浙商参与公益的根本属性之一。故此,真正的共享经济,要求"人把自身当作现有的、有生命的类来对待,人把自身当作普遍的因而也是自由的存在物来对待"[2]。因此,共享经济的未来发展路径,乃是致力于构建发展人类自由能力、自由发展人类能力的"自由王国"。

浙商参与公益的实践,正是为驶向"自由王国"而做出的努力。这是从自由竞争的个体提升为自由个体的联合,正如马克思指出:"社会化的人,联合起来的生产者,将合理地调节他们和自然之间的物质交换,把它置于他们的共同控制之下,而不让它作为盲目的力量来统治自己;靠消耗最小的力量,在

---

[1]　吴静、徐晟哲:《新零售、共享经济引领杭州消费升级》,浙商网,2017-12-22,http://biz. zjol. com. cn/zjjjbd/xfwq/201712/t20171222_6104123. shtml。

[2]　中共中央马克思恩格斯列宁斯大林著作编译局:《马克思恩格斯全集》(第 3 卷),人民出版社 2002 年版,第 272 页。

最无愧于和最适合于他们的人类本性的条件下来进行这种物质变换。"①

6.1.3 在参与公益中规定主体间性

主体间性（Intersubjectivity，或译为交互主体性）是指作为社会主体的人与人之间的关系，关涉到人际关系及价值观念的统一性问题。近现代哲学家在个体价值独立的基础上在伦理学领域探讨主体间性问题，并且扩展到更为广泛的社会学领域。从康德、黑格尔直至马克思、哈贝马斯等都在社会学领域涉及主体间性问题。哈贝马斯认为，在现实社会中人际关系行为分为工具理性行为和交往行为，工具理性行为是主客体关系行为，而交往行为是主体间性行为。他提倡通过交往行为，以建立互相理解、沟通的交往理性，以达到社会的和谐。

哈贝马斯试图解决韦伯在批判西方现代文化中没有解决的问题，以及韦伯之后的学者在西方现代文化批判和重建中没有解决好的难题，那就是在哲学层面实现从意识哲学范式到交往范式的置换。哈贝马斯探究了韦伯理论的理论基础，也是韦伯没有解决西方现代文化面临的问题之原因：在韦伯理论当中具有基本意义的，不是至少两个具有言语和行为能力的主体之间（建立在语言沟通基础上）的人际关系，而是孤立的行为主体的目的行为。哈贝马斯形象地称之为"独白式理论"，在这样的理论指导下的行为就是工具理性行为。在马克思的《资本论》中，工具理性行为表现为资本家极尽手段榨取剩余价值；在罗尔斯的《正义论》中，工具理性行为表现为理性人在"无知之幕"下的审慎思考后做出的正义行为抉择。哈贝马斯的交往行为理论则恰恰相反。"在交往行为中，参与者主要关注的不是自己的目的；他们也追求自己的目的，但遵守这样的前提，即：他们在共同的语境中对他们的行为计划加以协调。因此，通过协商来确定语境，这是交往行为所需要的解释工作的重要组成部分。"②从目的行为到交往行为，就是从主体性到主体间性。哈贝马斯

---

① 中共中央马克思恩格斯列宁斯大林著作编译局：《马克思恩格斯文集》（第 7 卷），人民出版社 2009 年版，第 928—929 页。

② ［德］尤尔根·哈贝马斯著，曹卫东译：《交往行为理论：行为合理性与社会合理性》，上海人民出版社 2004 年版，第 273 页。

提出了交往行为必须借助于语言以达成共识，交往行为以沟通为取向，这可以概括为有效的交往（亦即有效的沟通）的言语模式要符合社会世界中的正确性，要符合客观世界的真实性，要符合主观世界的真诚性。

主体间性反映了主体与主体间在此生活世界的共在。主体既是以主体间的方式存在，其本质又是个体性的，主体间性就是个体性间的共在。海德格尔指出："由于这种有共同性的在世之故，世界向来已经总是我和他人共同分有的世界。此在的世界是共同世界。'在之中'就是与他人共同存在。他人的世界之内的自在存在就是共同此在。"①海德格尔认为有两种共在：一种是处于沉沦状态的异化的共在，这种存在状态是个体被群体吞没；另一种是超越性的本真的共在，个体与其他个体间存在着自由的关系。由此可以看出，主体间性并不是反主体性、反个性的，而是对主体性的重新确认和超越，是个性的普遍化和应然的存在方式。

改革开放之前，公共空间尚未发育起来。改革开放以来，在社会主义市场经济环境下，交换主体成为重要的存在方式。伴随着改革开放的进展，在中国特色社会主义文化背景下，在化资本本性为人类本性的生活世界中，浙商通过参与公益超越了商业主体之间的交换方式，体现出交往主体的沟通理性，展现出主体间性的共在。

案例　公益是共同的创造

对于企业来说，赚钱只是手段，是结果之一，但不是终极目的，企业存在的根本价值在于能满足社会的需要。

……

物质生活水平提高了，但是幸福指数没有相应地提升，这是一个不容忽视的社会问题。解决这个问题，需要大家共同努力，不但是企业家，更需要整个社会多一分理解，多一分宽容。幸福指数不是靠打倒别人或剥夺他人财富获得，而是通过社会调节，和谐地让各个阶层都能看到希望享受快乐，有尊严、幸福地

---

① ［德］海德格尔著，陈嘉映、王庆节合译：《存在与时间》，生活・读书・新知三联书店出版社 2006 年版，第 138 页。

生活。这是需要全社会共同努力做的事情，其中企业家起着举足轻重的作用，企业家提供更多的就业机会，有责任让员工有尊严地工作、生活，在环保方面要做出更多的实际行动，其中最主要的责任还是创造产品带来社会价值，给客户更多共赢的价值创造。

　　社会是多元的和分化的，不能希望某个人或者某个群体去做改变。我觉得在中国，无论是知识精英、商业精英，还是政治精英，都很有责任感，都想让这个国家变得更富强、更好。……大家都很努力，但是为什么我们没做好呢？讲到底，就是相互之间的力量在彼此抵消。……一个合理的社会，完全可以通过协商、互动的形式，形成一种多元的良性的社会结构。①

　　上述案例中浙商主人公深刻指出："一个合理的社会，完全可以通过协商、互动的形式，形成一种多元的良性的社会结构。"这鲜明地体现出交往理性思维。 在上述对浙商企业家的访谈中可以发现，"让员工有尊严地工作、生活""创造产品带来社会价值""给客户更多共赢的价值创造"等成为当代浙商企业家的重要价值考量，从而展露出多元主体共在的公益未来发展样式。

　　"幸福指数不是靠打倒别人或剥夺他人财富获得，而是通过社会调节，和谐地让各个阶层都能看到希望享受快乐，有尊严、幸福地生活。"这句对幸福的诠释，表达出公益是共同的创造。 进而言之，浙商参与公益应向着为了"共同自由生产"而努力，从而建构起"个体—个体"联合控制条件下的主体间性——"在这个集体中个人是作为个体参加的，它是个体的这样一种联合（自然是以当时已经发达的生产力为基础的），这种联合把个体的自由发展和运动的条件置于他们的控制之下。"②

---

　　① 袁亚平：《行走天下——浙商新形态》，浙江文艺出版社 2013 年版，第 284—287 页。
　　② 中共中央马克思恩格斯列宁斯大林著作编译局：《马克思恩格斯全集》（第 3 卷），人民出版社 1960 年版，第 85 页。

6.2 浙商参与公益突出共同体价值

从词源学角度来考察,"共同体"(德语 gemeinshaft,希腊语 *koinonia*,英语 community),具有集体、团体、联盟及结合、联合、联系等含义,其基本特征是有机的联合或统一,与共同体相关的重要范畴是"福祉"(Flourishing,Eudaimonia)。在"真正的共同体"中,共同体与个体是辩证统一的关系:个体是共同体的出发点,共同体是个体的落脚点。研究发现,浙商参与公益体现出个体融入共同体的方法特质。

6.2.1 在类特性中确立公益属性

从马克思主义伦理学来看,动物的"种特性"是该物种规定的特性,人的"类特性"是个体有意识的活动的特性。正因为人的活动是自由的、有意识的,人的"类特性"不仅有动物的"自在性",更应该有人的"自为性"。人的"自为性"是作为生命表现的总体而存在的,"自为性"的作用只有在社会共同体中才能得以发挥。马克思指出,个体和社会、个体生活和"类生活"是统一的:"首先应当避免重新把'社会'当作抽象的东西同个体对立起来。个体是社会存在物。因此,他的生命表现,即使不采取共同的、同他人一起完成的生命表现这种直接形式,也是社会生活的表现和确证。人的个体生活和类生活不是各不相同的。尽管个体生活的存在方式是——必然是——类生活的较为特殊的或者较为普遍的方式,而类生活是较为特殊的或者较为普遍的个体生活。"①然而,在"以物的依赖性为基础的人的独立性"的社会发展阶段,普遍的交换关系一方面为人的"类特性"创设了物质前提,另一方面也造成了人的片面性,造就了"类特性"被压抑的"单向度的人"。

人的"类"关系,是在交往过程尤其是生产过程中建构起来的关系。国

---

① 中共中央马克思恩格斯列宁斯大林著作编译局:《马克思恩格斯文集》(第 1 卷),人民出版社 2009 年版,第 188 页。

内学者陈先达在研究马克思早期思想时指出："在社会关系中，任何一个个体都不可能只是自然性的抽象的类存在。"[①]在商品经济社会，正如马克思所言："劳动是为每个人设定的天职，而资本是共同体的公认的普遍性和力量。"[②]毋庸讳言，作为民营企业家，浙商承担着资本运作的使命。但值得一提的是，资本的拓展既在最大范围内支配了个体的命运，同时为资本受全部个体支配创造着条件，也就是为"真正的共同体"创造着条件，也为个体在"联合支配"中获得真正的自由创造着条件。

案例　特色小镇的"众创空间"

特色小镇是为创业者提供低成本、便利化、全要素、开放式的创业服务，打造专业化、集成化、开放化、网络化、生活化、便捷化的"众创空间"。需要强调的是，众创的重点不在"创"，而在"众"，即多主体平等参与空间内的各项活动。同时，众创强调以用户即公众为导向的创新，易言之，众创的导向并非权力，而是权利。而相对于权力本位（行政本位或官本位）的权利本位，正是现代社会治理的本质与内核。作为众创空间的特色小镇，要顺应创新 2.0 时代的用户创新、需求创新、大众创新的潮流，权利本位是其内在的要求与天然属性。

特色小镇权利主体的多元化，必然导致利益诉讼的多样化，在行政强权隐退的情况下，各类社会治理力量的滋生是自然而然的事情。另外，特色小镇注重引进高素质居民，明确"特色小镇是以高校毕业生等'90 后'、大企业高管、科技人员、留学归国人员创业者为主的'新四军，创新创业地"，在杭州余杭的梦想小镇，以阿里系、浙大系和浙商系等为代表的新生代，是多元化社会治理主体的核心与骨干，民间治理力量已经聚焦并活跃于此。

良好治理的过程就是还政于民的过程，也是政府趋向"善治"与"良治"的过程。这一过程的核心要求是将一元主体转换成多元主体，削减政府所拥有的无限的政治经济权力，降低政府在社会治理中的姿态，主动培育社会组织的治理

---

① 陈先达：《马克思早期哲学思想》，中国人民大学出版社 2006 年版，第 182 页。
② 中共中央马克思恩格斯列宁斯大林著作编译局：《马克思恩格斯文集》（第 1 卷），人民出版社 2009 年版，第 184 页。

参与能力。因此,政府要牢牢将自己定位于平台的搭建者、公共物品的提供者、外在效应的消除者、市场秩序的维护者等角色,严格控制对社会生活的介入程度;注重培育企业、中介、社团等组织,鼓励社会精英参政议政,通过多种渠道参与社会治理工作;将削减的政治经济权力下放给第三部门、私营部门和公民个人,保证其他社会主体更为广泛、深入地参与。①

像上述案例所勾画的"特色小镇",是多元主体平等参与下的"众创空间"。从哲学伦理学角度分析,"众创"体现出"类特性",体现出"每个人的自由发展"。"每个人的自由发展"与"一切人的自由发展"之间在逻辑上是必要条件的关系。也就是说,只有具备了"每个人的自由发展"这个前提,才会有"一切人的自由发展"这个结果,由此而结成的才是"真正的共同体"。正如有学者指出"真正的共同体"之特质:"这种统一所形成的共同体,不再是以阶级成员身份参加的虚假的共同体,而是以个人身份参加的真正的共同体即自由人联合体。在这样的共同体中,个人的发展不仅不以牺牲他人的发展为前提,反而为他人的发展创造条件。这种高度和谐的共同体,无疑是对'一切人反对一切人的战场'的市民社会的扬弃和超越。"②

浙商参与公益中蕴含着实现"类"联合的理想——个体经济、民营经济的自由,实质是作为中国特色社会主义事业共同体中的一员的自由,并且浙商群体在自己的联合中获得自己的自由。改革开放 40 年来,浙商群体参与公益的实践表明,"真正的共同体"就是个体的"自由联合体",其中每个个体的自由发展为其他一切个体的自由创造着发展的条件。

6.2.2 通过互助联合实现公益

通过互助联合实现人类的团结一致,是马克思主义伦理学的价值理想。正因如此,《共产党宣言》中发出"全世界无产者,联合起来!"的号召。然

---

① 李庆峰:《特色小镇:一种新型社会治理模型及其发展》,《中国经贸导刊》2017 年第 2 期,第 76—78 页。

② 刘同舫:《人类解放的进程与社会形态的嬗变》,《中国社会科学》2008 年第 3 期,第 4—14 页。

而，在以物为基础的个体独立性社会，资本的运作，一方面造成生产过程中劳动的分工与结合，从而制造出蕴含着"集合力"的商品，另一方面造就了只拿个人工资（劳动报酬）的单个工人，而如果这些个人之间产生"合力"，那也是分工前提之下的"合作"。于是，工人、科学家、工程师乃至资本家本人，都是资本增值的工具。

改革开放 40 年来，"以经济建设为中心"一方面较大程度地满足了人民群众日益增长的物质文化生活需要，另一方面在某种程度上、某些情况下造成了物欲横流。再坦率点说，在某些方面造成了道德滑坡。但是，挽救道德滑坡不能指望回到传统社会，更不能倒退回改革开放前的时代。而是要在改革开放新的历史时期，去消灭导致利益冲突的社会安排。

在某种意义上讲，参与公益就是重新安排利益关系，这也正是马克思主义伦理学的价值理想——正如学者米勒所言："自觉地把一切自发形成的前提看作是前人的创造，消除这些前提的自发性，使它们受联合起来的个人的支配。"①下面这则案例，生动地体现出浙商是如何通过互助联合参与公益的。

案例 共同体的拯救

德汇国际广场火灾发生后，社会各界纷纷捐款捐物。捐款达 1 487 万余元，全部用于受灾商户的灾后重建工作……

2011 年 1 月 5 日，德汇集团董事长钱金耐一行专程赶到杭州市，向浙江省领导汇报企业与商户重建的情况，表达对各级党委和政府及全社会的感激之情。钱金耐一行来到时任浙江省政协主席周国富的办公室。钱金耐有些激动，汇报说，3 年前那场大火，68 个小时烧掉了德汇集团 10 万平方米的大楼，致使 1 796 户产权户和 1 304 户经营户直接经济损失高达 6.7 亿元，德汇集团自身损失 4.1 亿元，火灾损失共计 10.8 亿元。面对灾难，德汇选择了有限公司承担无限责任，做出了百分之百赔付受灾商户的承诺，发出了"苦干 3 年、重建德汇"的宣言。经过 3 年的艰辛努力，德汇集团兑现了对社会的承诺，如期完成了对受

---

①　[美]理查德·米勒著，张伟译：《分析马克思——道德、权力和历史》，高等教育出版社 2009 年版，第 122 页。

灾商户的全部赔偿工作。在火灾后的废墟上，一座新的德汇名品广场大楼拔地而起，1 000余户受灾产权户得到了期盼3年的崭新商铺。钱金耐说，在德汇遭受了"1·2"意外火灾、重建家园的艰难岁月里，是党和政府的关心和支持，才使突遭灾难的我们重拾信心、重建家园；是社会各界的宽容与体谅、关心与帮助，才使我们与商户风雨同舟、攻克难关；是德汇的广大商户朋友的信任和期望，增强了我们从头再来的信心；是德汇的干部员工团结一心、众志成城，才有了重建德汇的筋骨和脊梁。困境凝聚人心，感恩升华成为动力。在社会各界的关怀、帮助下，本着"但求真心做、不去计其他"的思想，在全体德汇同仁的努力拼搏下，德汇步步走出困境，逐步走向发展。

周国富听完汇报，深情地对钱金耐一行说，德汇能在3年内重建，饱含着德汇人的艰辛和汗水，这是一个奇迹，德汇不但实现了当初的承诺，更是为新疆经济社会的稳定和发展做出了重要贡献，维护了社会和谐，维护了在外温州人的形象。

周国富勉励德汇集团继续努力，把事业做大做强，在新疆迈入跨越式发展的进程中，继续发挥浙商、温商"敢为人先、行善天下"的高贵品格，发挥自身的重要作用，承担更多的社会责任，为新疆的经济社会建设做出更大贡献。

走出办公室，一抬头，漫天白雪飘飘洒洒，那是轻盈起舞的仙子，带给人间平安、吉祥、幸福、快乐。路边停着一辆小车，后部薄雪和车贴画上舞动的人们，相映成趣，正是看到雪时跳跃的心情。

过了两天，1月7日，时任杭州市市长邵占维听说有客从新疆来，要见一见。

……

邵占维说，当今社会，仅仅是先行天下、合行天下、智行天下，已经不够了。小赢凭智，大赢靠德。德，是一种非常高的思想境界和道德水平。善行天下的这个德，是爱心的体现，是行动上的自觉从善，也是中国新商道的灵魂。现在的浙商已经不仅仅是财富的创造者，更需要商行天下，善行天下。[①]

在上述案例中，体现出浙商参与公益是"真"与"善"的统一。火灾属

---

① 袁亚平:《行走天下——浙商新形态》,浙江文艺出版社2013年版,第388—391页。

于意外的偶然性事件，往往造成必然性的惨重代价，从而造成实体经济的必然衰亡。 而在社会主义制度下，共同体的拯救可以大大减少偶然事件造成的损失，并从中生发出"同舟共济"的精神，释放出强大的"正能量"。

进而言之，诸多类似案例表明，在浙商群体的共同努力与政府强有力的保障下，偶然性的损失能够"受联合支配"。 这就表明：在生产力发展到一定程度的前提下，应该能够实现每个个体代表个体利益参加共同体，同时每个个体的利益都置于联合控制之下。 在"真正的共同体"中，别人的灾难成为"我"自己的苦痛，"我"已经把别人纳入"自我"之中——可谓：无穷的远方，无数的人们，都和"我"有关。

6.2.3 将公益实践拓展至全世界

40 年来，这场前所未有的大改革、大开放，深刻地改变着"地球村"中个体之间的社会关系。 这种社会关系不是通过思辨构想的"大同社会"或"理想国"中的关系，而是人类历史转变为世界历史进程中的关系。

因此，应将浙商发展放在世界历史的背景视野下考察，将"世界共同体"的普遍建立作为"地方性共同体"真正能够建成的前提。 在历史进程中，随着人类活动范围的扩大，个体性活动扩大为世界历史性活动。 但是，世界历史性活动未必导致对"类"关系的科学构想。 随着市场经济在全球范围内的构建，出现了"共同体的想象"及"历史的终结"（历史在"民主自由国家"终结）等论调。 联合国官员雅克·布道认为："民主乃是人类信念——即相信所有人类都具有使自身充分地成人、充分地作为和行善的能力……全球范围内的民主与社会正义建构，应该成为一种关系到第三个千禧年的流动的乌托邦。"[①]然而，只有在世界范围内消除"中心—边缘"关系才能做出科学的共同体构想。 正如马克思、恩格斯在《德意志意识形态》中指出，个体摆脱被边缘化的程度与民族国家摆脱被边缘化的世界历史程度应该保持一致——"只有这样，单个人才能摆脱种种民族局限和地域局限而同整个世界的生产

---

① ［美］雅克·布道著，哈佛燕京学社主编，万俊人、姜玲译：《建构世界共同体——全球化与共同善》，江苏教育出版社 2006 年版，第 97—98 页。

（也同精神的生产）发生实际联系，才能获得利用全球的这种全面的生产（人们的创造）的能力。"①

美国哲学家迈克尔·桑德尔区分出两种共同体："工具型共同体"和"情感型共同体"。资本的内在本性，开拓出世界共同体的强大物质基础。然而，这种共同体是"工具型共同体"，在这种共同体中个体仍然只是"原子化的个人"。从马克思主义伦理学来看，只有在世界历史的进程中摆脱资本的统治、在全球范围内建立"生产者的事业"，才能建构以情感为纽带的共同体。世界共同体的筹建过程，是"工具型共同体"和"情感型共同体"融合为"构成性共同体"的过程。

马克思主义创始人曾直言表明了无产阶级政党的世界眼光立场："真正的无产阶级政党现在正在各地提倡各民族兄弟友爱，用以对抗旧的赤裸裸的民族利己主义和自由贸易的伪善的自私自利的世界主义。"②然而，在"单边主义"的保护下，在"贸易自由"的掩饰下，民族分隔阻碍着生产者的事业。浙商参与公益具有对人类命运共同体的关切，正如有浙商说道："'一带一路'是中国经济走向世界的大动脉，我们浙商也愿意乘着'一带一路'的列车走向世界。""抱团经营，合作发展，这是我们浙商的一大特点。我们也希望越来越多的海外浙商抱团出击，以联合体的形式推广浙江产品，实现互赢。"③改革开放40年来，浙商正是在改善自身命运的同时，消除着贸易壁垒，成就着"人类的事业"，从而参与着人类命运共同体的构建。

案例　做受人尊敬的全球化企业

李书福和他的团队已成为中国汽车工业发展的一个缩影。记者最近见到李书福，是在省工商联在嘉兴举行的民营企业家党的"十九大"精神宣讲会上。

---

① 中共中央马克思恩格斯列宁斯大林著作编译局：《德意志意识形态》，人民出版社2003年版，第34页。

② 中共中央马克思恩格斯列宁斯大林著作编译局：《马克思恩格斯全集》（第2卷），人民出版社1957年版，第662—663页。

③ 王益敏：《柬埔寨西海岸的经济特区 三成企业来自浙江》，浙江在线，2018年6月29日，http://zjnews.zjol.com.cn/zjnews/zjxw/201806/t20180629_7652885.shtml。

他对着台下 100 多位来听宣讲的人说："在座的很多都是个体户，我也是个体户，就是规模大一点。"

成长为具有全球视野的企业家，许多人问他有什么秘诀，他说："开天辟地、敢为人先的首创精神，是吉利的魂。"省工商联让他谈谈学习贯彻党的十九大精神的体会，他说："听党的话，跟党走。"台下响起雷鸣般的掌声。不是党员的李书福，去年带着所有吉利高管去了井冈山，今年则去了西柏坡。"这是保持吉利先进性的所在。"从开照相馆起家，李书福的造车路并不平坦。他想造汽车，一开始没人相信。再后来，他说要收购沃尔沃，全世界都不相信。"事实证明，我们都做到了，靠的就是敢想敢做，善于创新。"他说。从制造冰箱赚取第一桶金，到造摩托车小试牛刀，李书福跌跌撞撞走入汽车行业。敢想敢做，至今仍是他的一个标签。

李书福善于幻想，但又脚踏实地。每一个前瞻性的汽车技术，他似乎都感兴趣，比如自动驾驶、飞行汽车。最近，吉利宣布正式收购美国飞行汽车公司，李书福表态要让"汽车在天上飞这个梦想变为现实"。提前布局新领域，风险自然比进入成熟领域更高。去年沃尔沃和优步共同开发无人驾驶汽车，今年和谷歌联手开发无人驾驶技术，吉利成为传统汽车制造商联手硅谷科技公司的最新案例企业。李书福坦言，目前自动驾驶技术还不成熟。现在沃尔沃在无人驾驶方面只能做到高度辅助驾驶，在城市中"不撞人、不撞车、自动转弯"等，但完全无人驾驶还做不到。最近，吉利在白俄罗斯的工厂下线了首台吉利博越汽车，这填补了白俄罗斯不能生产轿车的空白。位于白俄罗斯明斯克州的吉利工厂，中文简称"白俄吉"，是白俄罗斯唯一运行的乘用车生产企业。当地媒体报道称吉利"圆了白俄罗斯的造车梦"。在比利时，根特工厂是沃尔沃主要工厂之一，也是比利时目前最大的轿车制造企业。

创业 31 年，造车 20 年。从被人质疑，到成功打造全球化汽车公司，全球跑已经成了李书福的工作常态：今年 3 月，吉利在英国投下当地最大的一笔绿地投资，造起英国近 10 年来首座整车工厂；5 月，吉利在马来西亚和宝腾汽车签下框架协议，收购宝腾；6 月，吉利宣布投资瑞典哥德堡单体最大的创新中心；11 月，吉利与美国飞行汽车公司的交割正式完成。

吉利收购沃尔沃，带给李书福和吉利的变化，都是显而易见的。沃尔沃的 3

家工厂、1万多项专利、完整的技术研发体系,助推吉利的汽车研发。而沃尔沃遍布全球的销售服务网络,则让李书福学会用全球化的商业思维来思考问题。有人问李书福并购国外知名企业的经验,他说,要依法、公正、透明地去管理企业。吉利从沃尔沃收获的不仅仅是技术和知识产权,更重要的是强大的研发能力、现代管理制度和高素质的员工队伍。在广州车展上,吉利和沃尔沃共享平台与技术研发的一个全新品牌——领克汽车的6 000台订单被当场抢光。领克是沃尔沃和吉利的合资品牌,李书福曾说领克是他的"第3个孩子"。"沃尔沃是豪华品牌,领克是高端合资品牌,吉利是中国自主品牌,它们就像我的3个孩子一样。"李书福说。"吉利内部的协同合作正在进入一个全新阶段,这是我们成长为跨国汽车集团的必由之路。"李书福有一个大目标:"向受人尊敬的全球汽车十强企业挺进。"

在杭州吉利总部10楼,李书福的办公室入口,挂着一幅他手写的字:各美其美,美人之美,美美与共,天下大同。……这些年,吉利在美国、英国、比利时、瑞典、白俄罗斯等国的成功实践和发展,证明了全球型企业文化建设具有一定生命力,完全可以应用到"一带一路"倡议之中。我们愿意与大家分享理念,支持与帮助千百万个像吉利这样的中国企业,抓住"一带一路"倡议不断深入与发展的机遇,与沿线国家展开更多更好的合作,为"一带一路"倡议伟大事业做出更大贡献,实现更大辉煌。①

伴随着世界范围内分工和交往的发展,一方面将人格对人格的关系转化为物象对物象的关系,将商品和货币的关系转化为资本和雇佣劳动的关系;另一方面,在上述关系的基础上,人格平等的公民关系也为在世界共同体中提升至新型关系创设着前提。 在上述案例中,虽然主人公坦言自己也是"个体户",但却是具有"命运共同体"关切的个体户,"听党的话,跟党走"、参与"一带一路"倡议、融入"全球化"进程就是明证。

在此意义上,以资本为"主义"的事业不是"历史的终结",反而应该被

---

① 李书福:《汽车人,再出发!》,人民网,2017年11月23日,http://zj.people.com.cn/n2/2017/1123/c186806-30954455.html。

一种更崇高、更宏大的人类事业所超越。 从马克思主义伦理学来看，参与开创如"一带一路"的事业，就是建立所有人都得以自由交往、自由发展的事业，就是将公益实践拓展至全世界的事业。 正如马克思所表达的价值理想："生产者的事业到处是一样的，他们的敌人不论属何国籍（不论穿着什么样的民族服装）也到处是一样的……"[①]

6.3　超越个体利益与集体利益的二元对立

总的来看，浙商参与公益承认个体价值，但并没有滑向个体主义；重视共同体价值，但也没有沦为帮派主义。 一言以蔽之，浙商参与公益扬弃了两极对立思维，从而超越了个体利益与集体利益的二元对立。

6.3.1　超越个体利益的一极

从人的社会属性来讲，"个我"与"他我"之间必然要发生相互关系，参与公益并不否认从"我"出发。 但是，正是因为从"我"的需要出发，才需要建立起诸种关系（两性关系、交换关系、合作关系等等）。 由此可见，个"我"是现实生活决定的"我"，是继承以往全部关系又在实践中不断创生新的关系的"我"。 然而，个体主义却走向了极端，导致"个我"之间的冲突。

资本主义社会虽然也有企业家，但由于无法克服的生产资料私有制（否则就不是资本主义制度了），从而与生产社会化构成基本矛盾，这也是西方资本主义社会个体主义产生的根源。 从方法层面来讲，个体主义不将个体视为"类个体"。 相反，个体生活是以"无拘的自我"为原点的生活筹划，"类生活"显现为诸个体的外部关系。 个体主义伦理思想方法所形成的社会关系模型，是"我—他"之间的陌生路人关系。 正如托克维尔所言，个体主义（Individualism）不同于又容易滑向利己主义（égoïsme）："利己主义来自一

---

① 中共中央马克思恩格斯列宁斯大林著作编译局:《马克思恩格斯文集》(第 3 卷),人民出版社 2009 年版,第 210 页。

种盲目的本能，而个人主义与其说来自不良的情感，不如说来自错误的判断。个体主义的根源，既有理性缺欠的一面，又有心地不良的一面。 利己主义可使一切美德的幼芽枯死，而个体主义首先会使公德的源泉干涸。 但是，久而久之，这个主义也会打击和破坏其他一切美德，最后沦为利己主义。"①个体主义"粗陋"表象的背后，是向个体自身的倒退。 马克思在《论犹太人问题》一书中指出，在这种情况下，个体之间丧失了"类"联系："任何一种所谓的人权都没有超出利己的人，没有超出作为市民社会成员的人，即没有超出封闭于自身、封闭于自己的私人利益和自己的私人任意行为，脱离共同体的个体。 在这些权利中，人绝对不是类存在物，相反，类生活本身，即社会，显现为诸个体的外部框架，显现为他们原有的独立性限制。 把他们连接起来的唯一纽带是自然的必然性，是需要和私人利益，是对他们的财产和他们的利己的人身的保护。"②

改革开放 40 年来，部分浙商对利润最大化的追求，曾导致人格的失衡、价值的迷误，从而导致经济人格超常，而社会人格发展滞后。 譬如，部分浙商重视血缘和亲缘等私人关系和私人信任，重视与党政官员建立特殊的私人关系，等等。 但是，随着社会主义市场经济体制的完善，浙商更加重视对社会信任的塑造及对社会资源尤其是公正公开平台资源的利用。 从改革开放 40 年的发展历程来看，浙商群体通过参与公益，克服着自发性市场经济的种种局限，揭示出从群体依赖型社会到个体独立型社会转型过程中的历史过程。

案例　浙商"危"中之"机"

浙江网盛生意宝股份有限公司董事长孙德良说，有一种机会叫危机。回想一下 1 年前的这个时候，形势多么的红红火火。股票市场到了 6 000 点，房地产市场异常火爆，我们很多老板把钱和心思都放到了股票和房地产市场。有一次，一个老板朋友跟我说，他投进股市 5 000 万元，两个月赚回来两亿元，太快

---

① ［美］托克维尔著，董果良译：《论美国的民主》，商务印书馆 1988 年版，第 625—627 页。

② 中共中央马克思恩格斯列宁斯大林著作编译局：《马克思恩格斯文集》（第 1 卷），人民出版社 2009 年版，第 42 页。

了！做制造业，辛辛苦苦地干，10 年也赚不了两亿元啊！这大大破坏了浙江企业家的心态，使他们不愿把钱再投到制造业领域，不愿把心思放在辛辛苦苦的制造上。我们浙江为什么最近出现这个企业倒下、那个企业倒下，表面上看好像是出口危机，我感觉这是一场信用危机。[1]

我们浙江过去的信用度非常高，民间的高利贷你借我、我借你，企业与企业之间的联保、互保非常普遍。如果把浙江的信用现状变成数学模型，就是格子状。如果格子中几个节点出现问题，很有可能让整个格子一下子瘫掉。丝绸之路集团公司董事长、浙江企业家协会副会长凌兰芳说，他们正处在三波叠加的时期：一是国际经济的失衡期，二是国内经济的波动期，三是中小民营企业的转型期。上半年的时候企业买什么涨什么，卖什么跌什么，那还不是最难过的时候，最难过的时候是企业生产什么卖不出什么，卖出去什么退回来什么。这才是冬天来了，三九严寒。他们有的同行逃了，有的被关了，那是那些人在为自己前几年的浮躁行为买单。[2]

上述案例具有警示意义：浙商之"危"，"危险"在于追求个体利益最大化；反之，浙商之"机"，"机遇"在于超越一己之私利。

从马克思主义伦理学来看，"个体独立性社会"依然是社会关系的产物，个体自由只有在相互依赖的关系中才能实现，哪怕是商品交换的自由。正如马克思所指出的："一切产品和活动转化为交换价值，既要以生产中人的（历史的）一切固定的依赖关系的解体为前提，又要以生产者互相间的全面的依赖为前提。每个个人的生产，依赖于其他一切人的生产；同样，他的产品转化为他本人的生活资料，也要依赖于其他一切人的消费。"[3]因此，应该承认人对人的依赖性，在此基础上推动"个体独立性社会"变革至"类体自由性社

---

① 孙德良：《有一种机会叫危机》，工业 360 网，2011 年 7 月 19 日，http://jixie.gongye360.com/news_view.html? id＝1732427。

② 凌兰芳：《最具正能量企业是社会发展的必需品》，搜狐网，2017 年 11 月 7 日，http://www.sohu.com/a/202992084_721565。

③ 中共中央马克思恩格斯列宁斯大林著作编译局：《马克思恩格斯文集》（第 8 卷），人民出版社 2009 年版，第 50 页。

会"。 在某种意义上讲，浙商参与公益就是对这种历史进程的演绎。

6.3.2 超越虚假公益的一极

虚假公益有两种。 一种是行为人假借"慈善"之名，行利己之事。 譬如，某"首善"从事"慈善"乃是为了名利双收，通过捐款拉近与地方政府的关系，获得地方政府项目等。 基于著者在本书之初对公益下的定义，即便是真正的慈善与公益也不能等同，这种虚假"慈善"当然不属于公益范畴，是彻头彻尾的虚假公益。 虚假公益使公众对公益行为丧失信心，使社会道德诚信下降，对社会发展产生不利影响。 另一种虚假公益是"虚假的共同体"假借"公益"之名，压制甚至泯灭个体利益。 在"个体—共同"的环节中，将共同体作为"手段—目的"链条中的目的性存在，从而以共同体的绝对性抹杀了个体的存在。 如果将共同体的目的设定为崇高，那么只有接近此终极目的的社会精英才能获得更多的存在意义。 反之，弱者成为"负担"。 如果再在弱者头上加以"公益"之名，便会导致"不可承受之重"。 因此，必须对此种借用"公益"之名的行为保持清醒的认识。

改革开放 40 年来，浙商在实现自身发展的同时，积极投身慈善，参与公益。 但是，这并不意味着放弃企业正常发展的存在条件。 改革开放以后，形成了以公有制为主体、多种所有制共同发展的经济格局。 在社会主义初级阶段，必须毫不动摇地鼓励、支持和引导非公有制经济发展，激发非公有制经济活力和创造力，是坚持和完善基本经济制度必须遵循的又一条原则。 社会主义初级阶段的生产力水平和发展的不平衡性，给非公有制经济留下了广阔的空间。 私营经济作为非公有制经济的典型之一，是促进经济社会发展的重要力量，在支撑增长、促进创新、扩大就业、增加税收等方面具有重要作用。当然，私营经济发展也面临着许多问题：在内部机理方面，存在如经营模式粗放、核心竞争力不强、企业治理方式弊端突出、履行社会责任不够等问题；在外部环境方面，存在如市场准入限制、融资渠道狭窄、实际税费负担较重、企业合法权益不时受到侵犯等问题。

因此，浙商要从新时代再出发，必须进一步提升履行企业主体责任和参与公益的水平及自觉性。 同时，政府也需要坚持权利平等、机会平等和规则平等，废除对非公有制经济各种形式的不合理规定；消除各种隐性壁垒，保证各种所有制经济依法平等使用生产要素、公开公平公正参与市场竞争；坚持平等保护物权，公有制经济财产权不可侵犯，非公有制经济财产权同样不可侵犯等，从而合力超越虚假公益。

案例　民营企业是生命之水

在视频对话中，郑宇民频频为民营企业特别是浙商"评理"。无论是讲社会功效作用，还是慈善公益行为，他都举例证明民营企业做出了巨大的贡献。

"民营企业不是创利大户，民营企业是生命之水，它们是纯净的矿泉水，是农夫山泉，是娃哈哈。它们是社会和谐之水，是国计民生之水，是清润在每一个百姓心田里的生命之水。"郑宇民说。

董倩：今年全国工商联提供了一个数字，说 500 条民营企业的胳膊，比不上 2 条国企的大腿，500 个民营企业它们所有的利润加起来，不如中石油、中石化，然后再加上中国移动的。我不知道您怎么看，胳膊就这么没力气吗？

郑宇民：不能用国有企业的成绩来否定民营企业存在的价值。举一个简单的例子，所有女人的胡子加起来不如一个男人的胡子长，为什么？她们没有这个功能。

国有企业是酒，民营企业是水，水更多地体现的是社会功能，大家都知道上甘岭战士们呼唤的是水水水，上甘岭战士们不会说酒酒酒。汶川大地震的时候灾区群众说的也是水水水，上海大火救济也是水水水，不会说酒酒酒。如果是酒酒酒那不就完蛋了？所以水有特殊的社会功能。

董倩：巴菲特还有盖茨来中国，当时有一个慈善晚宴，最后宗庆后没有去，您有没有担心这样会让大家觉得浙商很抠门。

郑宇民：马云先生也受邀了，马云先生是非常聪明的一个人，他说他不去人家会说浙江没有人了，他去万一叫他裸捐怎么办？所以他也斗争了好长时间，最后他去了。他与巴菲特、比尔·盖茨都是好朋友，他是临开宴前一个小时去的，他说两位先生来得不是时候，也找错了地方。他们说为什么？他说任何事物都是有阶段的，中国没有到这个阶段，巴菲特他是 75 岁才把 360 亿美元捐出来的，他 50 岁时为什么不捐呢？巴菲特说他 50 岁时没有认识到这点。马云说对啊,浙江的民营企业家都是50岁,没人认识到这个份上。所以他要去劝善最好去日本,到日本去劝善,就要去大阪。这两位先生一听很有道理,不住地点头。

董倩:这几年,浙商的创造力不如其他地方的企业家,原谅我这么讲,这是不是意味着在某种程度上浙商的创造活力已经不如其他地方了,说明浙商已经老了?

郑宇民:浙商很疲倦,出生早容易老,走在前面也容易老,贡献大也容易老。浙商贡献很大,60％的税收、70％的出口、80％的善款捐助、90％的就业安排。浙商是苦操劳,长兄容易老,浙商是很辛苦的。①

在上述对话中,郑宇民先生说"民营企业是水",指明了浙商的社会价值。"裸捐"未必是真公益,但浙商的贡献像水一样有益而温润。进而言之,捐助当然是一种爱心的表达,但真正的公益有赖于平等关系的建构及美好生活的共创,有赖于全体个体服从于他们自己共同控制的社会关系。在此意义上,如果说"国有企业是酒,民营企业是水",那么"酒"虽然比"水"要浓烈,但不能忽视"水"是必要成分。

因此,如果说一些浙商是"慈善家",不如说他们是致力于为参与"公益"创造条件的活动家:力图通过实践将个体追求私利的"竞技场",改造为在共同体中致力于"公益"的"运动场"。这种改造注重对美德的塑造,但更强调通过实践改造,消除虚假公益产生的制度土壤。

6.3.3 向着命运共同体生成

在马克思主义伦理学看来,个体与共同体不是"对立"而是"对置"的,两者构成一对矛盾——个体与共同体作为"双主体"实现统一:个体只有作为共同体之"我",才能真正"实现自我"。在共同体中,一方面"共同体"被融入"个体"之中,另一方面"个体"也融入"共同体"之中。马克思讲道:

---

① 百度百科:郑宇民,百度网,2018 年 6 月 9 日,https://baike.baidu.com/item/%E9％83％91％E5％AE％87％E6％B0％91/7411718? fr＝aladdin。

"别人的感觉和享受也为我自己所占有。因此，除了这些直接的器官以外，还以社会的形式形成社会的器官。例如，同他人直接交往的活动等等，成为我的生命表现的器官和对人的生命的一种占有方式。"①

从方法上来看，浙商参与公益正在超越着"个体"与"共同体"的两极对立思维。浙商精神虽然源起于个体浙商，但个体浙商在个体自主性的基础和前提下自觉实现着公益的自主性。从作为群体的浙商身上，可以发现某些具有共性的精神成分，这就是浙商精神的"民众性"或"大众性"、"开放性"和"包容性"。浙商精神的公益自主性是以个体自主性为基础，又是个体的浙商精神的升华和提高，具有独特的魅力和表现形式；同时，群体的浙商企业家精神又反过来影响个体浙商企业家精神的内涵和外延，促使个体的企业家精神走向新的高度。因此，浙商"个体—共同体"互动过程虽充满了矛盾、冲突，但最终会达成和合状态下的命运共同体。命运共同体指在承认"不同"事物之矛盾、差异的前提下，把彼此不同的事物统一于一个相互依存的和合体中，并在不同事物和合的过程中，吸取各个事物的优长而克其短，使之达到最佳组合，由此促进新事物的产生，推动总体性发展。

案例　马云获得首个"世界公民"称号

作为阿里巴巴集团创始人的马云来说，荣誉对于他来讲只是个奖杯，无关紧要，当然能够得到肯定是更好的。近日，由全球数字娱乐联盟授予的"世界公民奖"将颁发给马云。

在"全球数字娱乐创新者高峰论坛"举办期间，英国商务大臣文斯·凯布尔（Vince Cable）宣布全球数字娱乐联盟正式启动。英国商务、创意和技术部部长马兰勋爵（Lord Marland）、BBC 首席执行官兼 BBC 全球部主管蒂姆·戴维（Tim Davie）及来自全球的 400 余位行业领袖出席了此次论坛。全球数字娱乐联盟是于 2013 年 12 月英国首相戴维·卡梅伦访华期间与中国国家总理李克强达成的，是英国贸易与投资署和中国产学研投融资联盟共同创立的，是在数

---

① 中共中央马克思恩格斯列宁斯大林著作编译局：《马克思恩格斯文集》（第 1 卷），人民出版社 2009 年版，第 190 页。

字媒体、娱乐与传播界的企业、创业者、创新者、投资者及学者之间搭建桥梁的世界联合会,旨在推动联盟成员之间的合作和全球层面的信息互享,促进彼此间贸易、联合制作及其他协议的开展,并为联盟成员提供与政府、监管机构及融资渠道等方面的联系。全球数字娱乐联盟方面表示,之所以把首个"世界公民"称号授予马云,不仅因为其本人的商业成就——"创造了 1 000 万个就业机会",更是因为马云在公益领域的持续投入,致力于改善中国的教育、环保和医疗,并"凭借自身巨大的影响力造福社会"。公开资料显示,2014 年 4 月 25 日,作为阿里巴巴集团创始人的马云和蔡崇信宣布成立个人公益信托基金,该基金将着力于环境、医疗、教育和文化领域,地域涉及中国和海外。该基金来源于他们在阿里巴巴集团拥有的期权,总体规模为阿里巴巴集团总股本的 2%。2013年,马云和蔡崇信就决定将自己在阿里巴巴集团拥有的、相当于阿里巴巴总股本 2%的期权,以公益基金的形式回馈社会,并意图以此带动更多的成功企业家投身并深度参与更广范围内的公益事业。

受马云一贯的公益理念影响,阿里巴巴集团一直不遗余力地对公益事业进行投入。早在 2010 年,阿里巴巴集团就承诺拿出公司每年营业收入总额的 3‰投入阿里巴巴公益基金,该基金由阿里巴巴集团的员工和社会志愿者进行管理,关注焦点为水和空气。谈到对公益的投入,马云说:"15 年前,阿里巴巴在成立之时,就确立了以社会责任为核心的价值观体系和行为准则,'回馈社会'的理念已成为阿里巴巴集团企业文化的一部分。阿里人在改善社会生活环境方面做出的贡献,让我无比自豪。"2013 年 9 月,马云还作为捐助人加入美国生命科学突破奖基金会,该基金会旨在激励那些从事对抗癌症、糖尿病、帕金森和其他疾病研究的科学家。除马云外,该基金会的捐助人仅包括 DST Global 创始人尤里·米尔纳、Google 联合创始人谢尔盖·布林夫妇和 Facebook 联合创始人马克·扎克伯格等商界领袖。2013 年 5 月,马云宣布将其持有的云锋基金股权的收益,全部捐献给阿里巴巴集团旗下的以环保为主要方向的阿里巴巴公益基金。①

---

① 马云获得首个"世界公民"称号,天霸商场网,2014 年 6 月 9 日,http://mammon.tbshops.com/Html/news/337/168488.html。

党的十八大报告中倡导"人类命运共同体意识"："人类只有一个地球，各国共处一个世界。"2015 年 4 月，习近平主席在亚非领导人会议中，提出"推动建设人类命运共同体"，更好地造福亚非人民及其他地区人民。 近些年来，习近平总书记在不同场合多次谈到"人类命运共同体"。 当今世界并未实现"大同"，但公益无国界。 在响应习近平总书记的号召下，在浙商走向世界的过程中，具有中国特色的、有爱心的、主动扬弃私有财产的"世界公民"诞生。

浙商参与公益之所以能够贯通"个体—共同体"，是因为浙商的公益实践很大程度上建立在命运共同体现实实践的基础之上。 浙商参与公益 40 年着眼于建构个体与共同体相统一的社会关系，并将社会主义制度的价值追求融入商业活动中。 只有在这种理路下，个体主义与共同体主义才能同"主义"。

结语　新时代浙商参与公益展望

新时代浙商要更好地承继浙江精神和共同价值观，就要不仅成为企业家，也要成为能够致力于参与公益的社会活动家。浙商要实现根本的转型，就既需要从国家本位转变为百姓本位，也需要从老板本位转变为企业本位。总之，是从个体本位转变为社会本位，由单纯的国家或政府治理客体转变为作为多元主体之一参与公益。正如首届世界浙商大会所宣告的："商之大者，为国为民。浙商岂能忘记，是时代造就了浙商，亦是政府作为激励和支持了浙商。浙商岂能忘记，力量来自民众，财富来自社会。天下浙商，无论大小，都当感恩社会，谨记富而思源、富而思进、富而思报。天下浙商，无论何方，都当谨记祖训，为祖国统一、民族振兴、国家富强、人民安康克尽寸心、献其绵薄。"①浙商参与公益40年表明，浙商发展与中国特色社会主义内蕴的价值理想高度匹配，浙商在"经济—政治—社会"的相互勾连中，参与建构中国特色社会主义事业共同体。

在中国特色社会主义新时代，浙商参与公益需进一步凸显其"共享"特质。《中共中央关于制定国民经济和社会发展第十三个五年规划的建议》指出："共享是中国特色社会主义的本质要求。必须坚持发展为了人民、发展依靠人民、发展成果由人民共享，做出更有效的制度安排，使全体人民在共建

---

① 首届世界浙商大会全体与会浙商：《首届世界浙商大会宣言》，凤凰网，2011年10月26日，http://news.ifeng.com/gundong/detail_2011_10/26/10152114_0.shtml。

共享发展中有更多获得感，增强发展动力，增进人民团结，朝着共同富裕方向稳步前进。"①在全面深化改革时期，我国面临的一个重要困境是发展成果创造、获取和分配等历时态问题的共时态解决，这吁求发展伦理在共享发展成果问题上的 "出场"——这也是新时代浙商参与公益的深刻时代背景。 正如有些学者指出："发展伦理的出场引发了共享权利的外在机制，即共享理念之生成—共享权利之应然—共享权利之实然的过程，也凸显了共享权利的内在逻辑，即'成果共建—成果共享—责任共担'的理论范式。 同时，也将共享权利作为一个核心问题提上日程，使其内含共享经济成果、政治成果、文化成果、社会成果和生态成果的综合性权利，从而为解决发展的共时性难题提供视角和方法，推动中国发展进入坚定发展信念、共享发展成果权利、重视分配正义的历史性阶段。"②在此意义上讲，新时代浙商参与公益即共享经济权利、共享发展成果、共享智识智慧。

在新时代，浙商作为致力于现代化建设的主角之一，参与公益不是简单的"利他行为"，而要超越"利己—利他"的两极对立思维；浙商参与公益不仅是捐助、救助、给予，还是共建、共享、共赢。 如是，改革开放 40 年来浙商参与公益不仅是"正能量"的传递，更是正能量的累积与人生命运的勾连。而新时代浙商参与公益，应在具有制度化的决策程序中，参与社会治理、做出理性思考及达成利益共识，进而在"企业—政府—共同体"的建构中，走向中华民族伟大复兴的时代高度。

---

① 本书编写组：《〈中共中央关于制定国民经济和社会发展第十三个五年规划的建议〉辅导读本》，人民出版社 2015 年版，第 12 页。

② 张彦、洪佳智：《论发展伦理在共享发展成果问题上的"出场"》，《哲学研究》2016 年第 4 期，第 101—107 页。

参考文献

[1] 爱米尔·涂尔干，2001.职业伦理与公民道德［M］.梁敬东，付德根，译.上海：上海人民出版社.

[2] 本书编写组，2017.中国共产党第十九次全国代表大会文件汇编［M］.北京：人民出版社.

[3] 邓小平，1993.邓小平文选（第3卷）［M］.北京：人民出版社.

[4] 董明，2012.新兴商人群体形成与地方社会转型：以义乌为例［M］.北京：中国社会科学出版社.

[5] 高国希，2005.道德哲学［M］.上海：复旦大学出版社.

[6] 高兆明，2005.伦理学理论与方法［M］.北京：人民出版社.

[7] 亨利·西季威克，1993.伦理学方法［M］.廖申白，译.北京：中国社会科学出版社.

[8] 黄永军，2007.浙商商道［M］.北京：中国戏剧出版社.

[9] 刘京，2011.《公益时报》对话高层谈公益［M］.北京：中国社会出版社.

[10] 吕福新，2009.浙商的崛起与挑战：改革开放30年［M］.北京：中国发展出版社.

[11] 吕福新，2010.浙商崛起与危机应对［M］.杭州：浙江工商大学出版社.

[12] 罗国杰，1989.伦理学［M］.北京：人民出版社.

［13］马克斯·韦伯，2002.新教伦理与资本主义精神［M］.彭强，黄晓京，译.西安：陕西师范大学出版社.

［14］盛洪，2003.现代制度经济学［M］.北京：北京大学出版社.

［15］宋希仁，2012.马克思恩格斯道德哲学研究［M］.北京：中国社会科学出版社.

［16］唐昊，2015.中国式公益：现代性、正义与公民回应［M］.北京：中国社会科学出版社.

［17］王春霞，刘惠新，2009.近代浙商与慈善公益事业研究（1840—1938）［M］.北京：中国社会科学出版社.

［18］王海明.2009.伦理学导论［M］.上海：复旦大学出版社.

［19］王银春，2015.慈善伦理引论［M］.上海：上海交通大学出版社.

［20］习近平，2014.习近平谈治国理政（第一卷）［M］.北京：外文出版社.

［21］习近平，2017.习近平谈治国理政（第二卷）［M］.北京：外文出版社.

［22］谢宏，2010.哲商思维：一位知识型企业家的商道、人道、学道［M］.北京：北京大学出版社.

［23］谢宏，2013.儒商情怀［M］.杭州：浙江大学出版社.

［24］徐贲，2011.什么是好的公共生活［M］.长春：吉林出版集团有限责任公司.

［25］徐王婴，2008.浙商1.5代［M］.杭州：浙江人民出版社.

［26］杨国荣，2009.伦理与存在：道德哲学研究［M］.上海：华东师范大学出版社.

［27］杨轶清，2013.浙商简史：从启蒙传承到超越［M］.杭州：浙江人民出版社.

［28］易开刚，2009.浙商伦理转型研究［M］.北京：中国社会科学出版社.

［29］尤尔根·哈贝马斯，2004.交往行为理论［M］.曹卫东，译.上海：上海人民出版社.

［30］于洋，郑伟，吴昊沐，2015.新常态下慈善创新研究［M］.西安：西北

大学出版社.

[31] 俞可平, 2014. 论国家治理现代化 [M]. 北京：社会科学文献出版社.

[32] 约翰·罗尔斯, 2010. 正义论 [M]. 何怀宏, 等, 译. 北京：中国社会科学出版社.

[33] 约翰·密尔, 1988. 功利论 [M]. 徐大建, 译. 上海：上海世纪出版集团、上海人民出版社.

[34] 赵汀阳, 2009. 论可能生活 [M]. 2版. 北京：中国人民大学出版社.

[35] 郑永年, 2011. 未竟的变革 [M]. 杭州：浙江人民出版社.

[36] ALASDAIR M, 2002. Dependent rational animals [M]. Illinois：Carus Publishing Company.

[37] ALASDAIR M, 2007. After the virtue \| a research in moral theory [M]. 3rd ed. Notre Dame, Indiana：University of Notre Dame Press.

[38] BRUCE D, 2003. Red capitalists in China：the party, private entrepreneurs and prospect for prlitical change [M]. New York：Cambridge University Press.

[39] DAVID L W, 1995. Civil society in communist China? private business and political alliance [M]. New York：Cambridge University Press.

[40] DAVID M, 2003. Citizenship and national identity [M]. Cambridage, Massachusetts：Polity Press.

[41] JOHN R, 1999. A Theory of justice (Revised Edition) [M]. Cambridage, Massachusetts：The Belknap Press Of Harvard University Press.

[42] PHILIP K, 1988. Marx and ethics [M]. Oxford：Clarendon Press.

[43] WILL K, 2002. Contemporary political philosophy [M]. New York：Oxford University Press.

后　记

　　首先，要感谢浙江工商大学和浙江工商大学出版社的各位领导同仁。 陈寿灿校长和学校相关部门在学校层面的顶层设计，指明了本书的学术主旨；出版社倾力打造学术共同体，让我丝毫不敢懈怠。尤其是鲍观明社长、郑建副总编和谭娟娟编辑的热情支持，鼓舞着我不断鞭策自己：唯有精益求精才能交上满意的"答卷"。

　　自入职浙江工商大学以来，优秀中国特色社会主义事业建设者贝因美创始人谢宏、阿里巴巴资深副总裁彭蕾等人的事迹一直感染着我，他们不仅是成功的企业家，还是关心母校发展和热心公益的慈善家，从而为本书的撰写提供了生动的范本。 当然，本书也是我基于学科属性与多年科研积累的研究成果。 同时，本书作为浙江工商大学文化精品研究工程的专著之一，紧紧围绕"纪念改革开放 40 周年"的时代坐标。

　　在我们迎来改革开放 40 周年的时候，也是全面建成小康社会的来临之际，中国离建成现代化越来越近了。 实践表明，改革开放是当代中国发展进步的必由之路，是实现中国梦的必由之路。 正如习近平总书记所言："我们伟大的发展成就由人民创造，应该由人民共享。 我了解人民群众最关心的就是教育、就业、收入、社保、医疗、养老、居住、环境等方面的事情，大家有许多收获，也有不少操心事、烦心事。 我们的民生工作还有不少不如人意的地方，这就要求我们增强使命感和责任感,把为人民造福的事情真正办好办实。"①"众人拾柴火焰高",人民群众是改善自身生活命运的主体力量,浙商就是典范。

改革开放 40 年,浙商通过参与公益让自己和大家的生活更加幸福和完美。 在中国特色社会主义新时代新的历史起点上再出发,浙商必将与中华民族命运共同体同呼吸、共命运,共圆中国梦!

虽然对这个选题的研究暂时告一段落,但学术切中现实的研究只有进行时没有完成时。 期冀与出版社的同仁再合作,创作无愧于新时代的学术成果……

---

① 国家主席习近平发表二〇一八年新年贺词,新华网,2017 年 12 月 31 日,http://www. xinhuanet. com/politics/2017-12/31/c. 1122192418. htm。